Tratado sobre a tolerância

FUNDAÇÃO EDITORA DA UNESP

Presidente do Conselho Curador
Mário Sérgio Vasconcelos

Diretor-Presidente / Publisher
Jézio Hernani Bomfim Gutierre

Superintendente Administrativo e Financeiro
William de Souza Agostinho

Conselho Editorial Acadêmico
Luís Antônio Francisco de Souza
Marcelo dos Santos Pereira
Patricia Porchat Pereira da Silva Knudsen
Paulo Celso Moura
Ricardo D'Elia Matheus
Sandra Aparecida Ferreira
Tatiana Noronha de Souza
Trajano Sardenberg
Valéria dos Santos Guimarães

Editores-Adjuntos
Anderson Nobara
Leandro Rodrigues

VOLTAIRE

Tratado sobre a tolerância

Tradução e introdução

Jorge Coli

© 2024 Editora Unesp

Título original: *Traité sur la tolérance*

Direitos de publicação reservados à:

Fundação Editora da Unesp (FEU)
Praça da Sé, 108
01001-900 – São Paulo – SP
Tel.: (0xx11) 3242-7171
Fax: (0xx11) 3242-7172
www.editoraunesp.com.br
www.livrariaunesp.com.br
atendimento.editora@unesp.br

Dados Internacionais de Catalogação na Publicação (CIP) de acordo com ISBD
Elaborado por Vagner Rodolfo da Silva – CRB-8/9410

V935t

Voltaire
    Tratado sobre a tolerância / Voltaire; traduzido por Jorge Coli. – São Paulo: Editora Unesp, 2024.

    Tradução de: *Traité sur la tolérance*
    ISBN: 978-65-5711-232-8

    1. Filosofia. 2. Filosofia Moral. 3. Ética. 4. Tolerância. I. Coli, Jorge. II. Título.

2024-2032   CDD 100
                                                           CDU 1

Editora afiliada:

Sumário

Introdução . 9
Jorge Coli

TRATADO SOBRE A TOLERÂNCIA . 25

Capítulo I. História resumida da morte de Jean Calas . 27

Capítulo II. Consequências do suplício de Jean Calas . 41

Capítulo III. Ideia da Reforma do século XVI . 45

Capítulo IV. Se a tolerância é perigosa; e entre quais povos é permitida . 51

Capítulo V. Como a tolerância pode ser admitida . 61

Capítulo VI. Se a intolerância é um direito natural e um direito humano . 67

Capítulo VII. Se a intolerância foi conhecida pelos gregos . 69

Capítulo VIII. Se os romanos foram tolerantes . 73

Capítulo IX. Sobre os mártires . 81

Capítulo X. Sobre o perigo das falsas lendas e da perseguição . 95

Capítulo XI. Abuso da intolerância . 103

Capítulo XII. Se a intolerância foi um direito divino no judaísmo, e se foi sempre posta em prática . 111

Capítulo XIII. Extrema tolerância dos judeus . 131

Capítulo XIV. Se a intolerância foi ensinada por Jesus Cristo . 141

Capítulo XV. Testemunhos contra a intolerância . 149

Capítulo XVI. Diálogo entre um moribundo e um homem saudável . 153

Capítulo XVII. Carta escrita ao jesuíta Le Tellier, por um beneficiário, em 6 de maio de 1714 . 157

Capítulo XVIII. Únicos casos em que a intolerância é direito humano . 163

Capítulo XIX. Relato de uma disputa controversa na China . 167

Capítulo XX. Se é útil manter o povo na superstição . 171

Capítulo XXI. Virtude vale mais que ciência . 175

Capítulo XXII. Da tolerância universal . 179

Capítulo XXIII. Oração a Deus . *185*

Capítulo XXIV. Pós-escrito . *187*

Capítulo XXV. Continuação e conclusão . *193*

Artigo recentemente acrescentado no qual se relata o último julgamento feito em favor da família Calas . *199*

Introdução

Jorge Coli

No dia seguinte ao trágico ataque terrorista em janeiro de 2015, perpetrado por extremistas islâmicos contra o jornal satírico *Charlie Hebdo*, em Paris, o livro *Tratado sobre a tolerância*, de Voltaire, bateu todos os recordes de venda. Em pouco mais de um mês, 100 mil exemplares foram comprados na França. Isso demonstra como a tolerância é uma questão aguda em nosso tempo, e como se busca Voltaire para compreender o fanatismo. Indica também que Voltaire, ao encarnar o espírito do Iluminismo, é um autor atual, necessário e presente.[1]

"Assim, portanto, quando a natureza faz ouvir de um lado a sua voz suave e benfazeja, o fanatismo, esse inimigo da natureza, solta uivos; e quando a paz se apresenta aos homens, a intolerância forja suas armas." Uma frase como esta, escrita em 1763, tem significação forte para o leitor de hoje. Ela é simples, cristalina, surge como evidência indiscutível e, no

---

1 Por uma coincidência simbólica, o teatro do Bataclan, em Paris, onde ocorreu o atentado de novembro de 2015, que deixou 90 mortos e centenas de feridos, situa-se no Boulevard Voltaire.

entanto, após mais de 260 anos, ainda precisa ser repetida, martelada, ensinada.

O caminho das Luzes, ou seja, da reflexão e da razão, foi sendo aberto muito lentamente em direção ao futuro. "Eu vos dei braços para cultivar a terra e um pequeno vislumbre de razão para guiar-vos; pus em vossos corações uma semente de compaixão para vos ajudar uns aos outros a suportar a vida", escreve Voltaire, e é verdade. O que fizeram os Iluministas foi o plantio de algumas sementes de espécies desconhecidas até então. Pouco a pouco, o jardim dessas ideias cresceu e expandiu os seus limites. No entanto, ele sempre foi atacado por ervas daninhas e, por vezes, suas árvores foram enxertadas para produzirem frutos venenosos.

Permanece o fato de que ideias como liberdade, razão reflexiva, conhecimento, democracia, paz, igualdade e, sobretudo, fraternidade universal, que é a mais difícil de se afirmar, instalaram-se como objetivos e, pelo menos até agora, sobreviveram aos ataques que querem sufocá-las. Daí a importância de lermos Voltaire hoje.

O sono da razão produz monstros, escreveu Goya, lembrando que devemos estar sempre atentos aos monstros internos e externos a nós. É imperativo manter uma conduta alerta, nunca permitindo que a razão se relaxe. A obra de Voltaire desempenha um papel essencial ao nos lembrar a importância urgente de um esforço contínuo contra todas as forças prejudiciais que espreitam o progresso da humanidade em direção à justiça social.

A *Carta sobre a tolerância*, escrita por John Locke em 1689,[2] serve como precursor ao escrito de Voltaire, embora os dois

---

2 Locke, *Carta sobre a tolerância*; Locke, *A Letter concerning Toleration and Other Writings*.

textos apresentem naturezas distintas. Locke adota uma perspectiva universal e desenvolve um raciocínio que discute e busca fundar uma nova relação entre Igreja e Estado. Voltaire, ao contrário, vincula-se a um acontecimento recente, de 1761, bem pontual, que começou como um caso policial e se transformou em um crime institucional.

Marc-Antoine Calas, que tinha entre 28 e 29 anos, comete suicídio, enforcando-se, na casa de seu pai, Jean Calas, um comerciante de tecidos em Toulouse. A família era protestante. Imediatamente correm rumores de que o jovem havia sido assassinado por seu pai, com a cumplicidade dos familiares, porque, diziam, ele havia decidido abraçar a religião católica, como um de seus irmãos o fizera. O processo judicial foi iníquo, conduzido com base nesses boatos infundados, em testemunhos de oitiva e pressionado pela histeria da opinião pública.

O acusado sofreu tortura, mas insistiu até o fim na afirmação de sua inocência. Foi sentenciado à morte pela "roda", método em que se amarrava o supliciado a uma roda para que seus ossos fossem quebrados pelo carrasco com um malho. Em seguida, Jean Calas foi estrangulado (gesto de clemência concedido pelo juiz para abreviar seu sofrimento) e seu corpo foi queimado. Com esse julgamento, a família sofreu pesadas consequências.

Pierre, outro filho de Jean Calas, foi condenado ao exílio; ele partiu para Genebra, cidade calvinista da Suíça. Ali, encontrou Voltaire e convenceu o filósofo sobre a inocência de seu pai. Voltaire formou um grupo de pressão e, em 1762, redigiu um primeiro libelo, fundamentado em registros do processo e intitulado: *Documentos originais referentes à morte dos senhores Calas e o julgamento proferido em Toulouse*. No ano seguinte, Voltaire escreveu o *Tratado sobre a tolerância* com um objetivo claro: obter a revisão do processo e a restauração dos direitos que a família perdera.

Trata-se, assim, de um texto circunstancial, militante, inserido em acontecimentos muito imediatos. Voltaire enxerga, nesse processo, a permanência dos piores preconceitos que, num passado nada distante, haviam levado a França às sangrentas guerras de religião.

Em seu *Tratado*, Voltaire articula o fato circunscrito com argumentos e demonstrações sobre a tolerância religiosa, empregando ferocidade irônica e argumentação veemente. O livro obteve sucesso imediato e muito amplo, alertando o Conselho de Luís XV, que termina por anular a condenação. O processo foi objeto de novo julgamento, a memória do injustiçado foi reabilitada e a família retomou seus direitos.

O *Tratado sobre a tolerância* é, portanto, um escrito que nasce da atualidade contemporânea à época em que foi redigido, e que incide sobre a atualidade da época em que é lido. Militando por um acontecimento específico, ele conjuga o particular e o geral. Os capítulos não se encadeiam numa demonstração contínua, mas constituem-se como pequenos ensaios que orbitam em torno do problema central da tolerância. Denuncia a mistura entre a questão religiosa e a questão jurídica, tendo, de modo subterrâneo, uma defesa constante pela laicidade.

Por que subterrâneo? Porque se trata de uma redação estratégica destinada a agir sobre as consciências apesar das censuras e das repressões.

"*Écrasons l'infâme*", esmaguemos o (ou a) infame, era o lema com o qual Voltaire concluía suas cartas — ele inseria a abreviação "*Écr.l'inf.*" como uma espécie de assinatura, grito de guerra incitando seus correspondentes à luta contra a religião, contra o clericalismo e contra o obscurantismo. O motor do *Tratado* é alimentado pelos mesmos combustíveis: o combate à superstição, à intervenção da Igreja nas questões de Estado (a chamada "aliança do trono e do altar"), ao fanatismo, à censura, à perseguição a dissidentes.

Inocentar Calas, denunciar a justiça indigna, pôr em evidência os preconceitos coletivos e sua fúria, pregar a laicidade do Estado, denunciar as práticas religiosas obscurantistas, expor a tragédia sangrenta dos fanatismos: encontramos tudo isso e mais no *Tratado sobre a tolerância*.

Voltaire deseja intervir nos comportamentos sociais: talvez seja a primeira vez que, de maneira tão clara, um intelectual assuma a missão de interferir de modo direto nos acontecimentos de seu tempo. Isso assinala uma nova missão ao intelectual, que vai além do conhecimento e da reflexão: "Jean-Jacques (Rousseau) escreve só por escrever e eu escrevo para agir", diz Voltaire numa carta.[3]

Nesse momento do século XVIII, o Iluminismo está efetivamente em plena ação: basta lembrar os ataques feitos pelos militantes das Luzes contra os jesuítas, que Voltaire não perdoa em seu *Tratado*, percebidos como a encarnação do obscurantismo, da corrupção, da má influência sobre o Estado. Esses ataques tiveram peso nas medidas fortes tomadas pelos governantes esclarecidos, a começar pelo marquês de Pombal que, em 1759, expulsou a Companhia dos domínios lusitanos.

Voltaire personifica a figura do intelectual moderno, mostrando-se como alguém capaz de intervir diretamente nos

---

[3] A Jacob Vernes, 15 de abril de 1767.

acontecimentos de sua época. Anuncia assim aqueles que atuarão na Revolução Francesa e prefigura Zola, que intervém no caso Dreyfus e redige sua admirável carta aberta *"J'accuse"*.

No entanto, Voltaire é obrigado a disfarçar. A eficácia que ele pretende correria o risco de se perder com a exposição direta de suas ideias. Convicto deísta, ele, que odeia o cristianismo – na verdade, que odeia as três religiões monoteístas, uma valendo a outra a seus olhos –, passa por Cristão (na edição original a tipografia destaca em letras maiores, com sentido de veneração, o nome de Jesus Cristo).

Em 1739, escreveu a tragédia *O fanatismo ou Maomé*, em que o profeta encarna a cegueira da intolerância: na verdade, porém, o próprio Voltaire assinala: "A minha peça representa, sob o nome de Maomé, o prior dos jacobinos pondo o punhal nas mãos de Jacques Clément"[4] – em referência a Jacques Clément, o frade dominicano fanático que assassinou o rei Henrique III por considerar que ele era favorável demais aos protestantes. Apesar desse disfarce e da dedicatória da peça que o autor fizera ao papa Bento XIV, poucos foram enganados: devotos e religiosos o atacaram na justiça por considerarem a obra anticatólica. Hoje, algumas montagens sofreram violentos protestos públicos por parte dos islamitas.

Voltaire não acredita nos mártires, nem na divindade de Cristo, nem nas doutrinas da Igreja; sabe como é nefasto o papel das crenças indiscutidas, de um Estado acoplado à religião, das obediências cegas. Como não pode afirmar tudo isso às claras, recorre a metáforas, emprega a ironia com cuidado, disfarça suas crenças profundas com alguma hipocrisia, ajusta

---

4 A César De Missy, 1º de setembro de 1742.

seus argumentos para que o texto não seja condenado e para garantir que ele seja lido pelos poderosos.

Tudo lhe serve como argumento; por exemplo, contrapõe Paris e Toulouse, ou seja, a capital, centro de inteligência e reflexão, e a província que, por contraste, surge então atrasada, arcaica, e supersticiosa, como se dissesse: se não quiser continuar caipira, se quiser a elegância inteligente do grande centro, abandone esses radicalismos obscurantistas de outros tempos...

A autocensura não impede o emprego de um humor feroz, que chega a atingir a escatologia, como no caso das hemorroidas dos filisteus e das relíquias do Dalai Lama. Seu sarcasmo subjacente, manejado com sagacidade, torna burlescas certas passagens, como a do santo taberneiro e as virgens mártires de 70 anos.

Voltaire quer fazer com que as consciências avancem e, para tanto, sabe que seus objetivos devem se situar muito aquém do que seria o melhor. Ele compreende que, para obter avanços, é preciso que eles sejam progressivos e limitados. Um pouco de tolerância é melhor que nenhuma:

> Não estou dizendo que todos aqueles que não são da religião do príncipe devam compartilhar os cargos e as honras daqueles que são da religião dominante. Na Inglaterra, os católicos, vistos como apegados ao pretendente, não conseguem alcançar os cargos; até pagam impostos duplos; mas, fora disso, gozam de todos os direitos dos cidadãos.

Esta passagem do capítulo IV é particularmente dolorosa: que os protestantes, na França, não tenham cargos públicos, que paguem impostos, mas que pelo menos não sejam massacrados, que tenham os seus direitos preservados... Isso nos oferece a medida do realismo que Voltaire apresenta diante de suas próprias convicções. O importante é negociar um terreno de convivência, e negociar significa ceder, quando se está numa posição de menor força.

Nesse sentido, é muito significante um traço de seu estilo: o uso frequente das adversativas. Ou seja, primeiro concedo, depois oponho: "Não cessamos de repetir que veneramos os verdadeiros mártires, *mas* é difícil acreditar nessa história de Bollandus e Ruinart"; "[...] a Igreja católica apostólica e romana é a única obra de Deus. *Mas*, de boa-fé, porque a nossa religião é divina, deve ela reinar pelo ódio, pelas fúrias, pelos exílios, pelos sequestros de bens, prisões, torturas, assassinatos, e pelas ações de graças rendidas a Deus por esses assassinatos?"; "Certamente respeitamos tudo o que a Igreja torna respeitável; invocamos os santos mártires; *mas* reverenciando São Lourenço [...]". Os exemplos são muitos.

Dessas precauções surgem as notas numerosas, imensas, por vezes maiores que os próprios capítulos. Assim começa uma delas: "Com a ideia de fazermos algumas notas úteis nesta obra [...]" Isso equivale a dizer: *atenção, as notas são importantes*. Normalmente, notas têm presença menos forte num texto porque são adendos secundários, mas aqui não. Esta situação de menor evidência dentro de um escrito permite a liberdade de argumentações um pouco mais fortes, de denúncias mais incisivas.

São muitas as estratégias e os disfarces que Voltaire emprega para que o princípio da tolerância possa caminhar um pouco em seu século. Ele visa um mínimo aceitável, mantendo seu objetivo ideal em um horizonte distante, à espera de que a humanidade o consiga alcançar um dia.

A própria noção de tolerância indica esse princípio do mínimo possível. Tolerância não é uma boa palavra. Tolerar significa suportar algo que nos incomoda ou desagrada. Uma dor pode ser tolerável. Isso não significa que a dor seja uma coisa boa, mas que, estando lá, devo suportá-la. Ou seja, na tolerância, eu permito que o outro exista, mesmo que o deteste.

Ao contrário, a fraternidade universal pressupõe o amor ao outro, a substituição da tolerância pelo interesse sincero às diferenças, pelo afeto, pela empatia, pela compreensão. Em nosso grau de civilização, porém, a fraternidade universal é ainda inalcançável. Temos apenas formas de fraternidades particulares que, na verdade, são metamorfoses viciosas e nocivas, destinadas a opor com muita força, mesmo com furor, um grupo a outro.

Voltaire está ciente de que a tolerância é uma solução imperfeita e limitada. No entanto, seu realismo estratégico o orienta a buscar avanço nas atitudes e comportamentos dentro das condições viáveis: "Enquanto trabalhávamos nesta obra, com o único objetivo de tornar os homens mais compassivos e mais brandos [...]", diz ele no capítulo XXIV. É admirável, em Voltaire, sua determinação em fazer da filosofia uma prática. Ele inaugura o intelectual militante, porém, mantendo os pés no chão, sem se perder em utopias, alimentando seu pensamento com a consciência do que é possível e de como é possível. É seu sentido do realismo que o leva a dizer: "Se não podemos ter a fraternidade universal, pelo menos consigamos um pouco de tolerância."

Em seu *Tratado*, Voltaire ataca os dogmas e as crenças em capítulos heterogêneos que formam um conjunto sem sistema, mostrando-se antidogmático na própria organização do livro, que não se quer progressiva ou constitutiva de um arcabouço demonstrativo.

O sujeito que escreve não quer, ele também, ser único. Ele se multiplica pronominalmente. O "eu", que dramatiza o empenho do autor, ou que dá presença narrativa a algum personagem forte (como Deus, ou o imperador Constantino); o "nós", que induz a cumplicidade e a associação; o "se", que objetiva a ação.

Há dois casos que necessitam de uma explicação. Todo tradutor do francês para o português do Brasil sabe que uma dificuldade muito corrente reside nas formas de segundas pessoas: o "tu" e o "vós". Elas são praticadas na França em diferentes níveis de formalidade diversos dos nossos, de acordo com regras de cerimônia ou de familiaridade. Uma boa solução, frequentemente adotada, consiste em traduzir o "tu" por "você" e o "vós" não plural por "o senhor" ou "a senhora". Isso nem sempre funciona, mas resolve razoavelmente a maioria das situações.

Refleti bastante no caso deste *Tratado*. Decidi, enfim, respeitar o "tu" e o "vós". Reconheço que, em particular, o "vós" é inteiramente desusado hoje no Brasil; não sendo empregado nem mesmo nos sermões religiosos, como ocorria ainda há cinquenta ou sessenta anos. Essas duas formas não são sequer mais ensinadas em muitas escolas.

No entanto, pareceu-me que, ao manter o "tu" e o "vós" na tradução, o escrito de Voltaire adquire um sentimento de projeção no passado. Esse sentimento é importante numa obra que incide sobre o presente, mas que também se ancora fortemente em sua época. Voltaire escreve para os monarcas esclarecidos, para aristocratas, que ele pretende reformar, e para intelectuais com os quais compartilha suas ideias. Nesse quadro, o "vós" parece natural. Não acredito que algum leitor tenha dificuldade em compreender o sentido das frases por causa dessa escolha. O leve desconforto, ou estranheza, que talvez surja ao encontrar essas formas verbais deve lembrar ao leitor brasileiro que esse admirável texto nasceu num passado distante para se projetar no presente.

Além disso, essa abordagem permite um respeito maior em relação às estratégias discursivas de Voltaire. Por exemplo, no capítulo X, empregando a primeira pessoa do plural, ele se inclui retoricamente na responsabilidade coletiva, cúmplice pelos horrores da intolerância: "Digo isso com horror, mas com verdade: somos nós, cristãos, somos nós que temos sido os perseguidores, os carrascos, os assassinos! E de quem? De nossos irmãos."

Logo depois, acusa os religiosos obscurantistas, apontando para eles com esse "vós" terrível, o mesmo "vós" usado nos sermões de outrora: "Todos esses falsos milagres, com os quais abalais a fé devida aos verdadeiros, todas essas lendas absurdas que acrescentais às verdades do Evangelho, extinguem a religião nos corações." Então, finaliza com a militância forte da primeira pessoa do singular: "Eu concluiria, ao contrário [...]"

Os processos persuasivos de Voltaire são enriquecidos por seu apelo à história. Moderna ou antiga, sobretudo religiosa, a história mostra-se como um manancial de argumentos comparativos que fundamentam sua reflexão. Note-se, porém, que essa abordagem histórica é impregnada por uma atitude hermenêutica, na qual os textos são interpretados e analisados graças a uma arqueologia das significações, rejeitando qualquer forma de assimilação passiva.

As narrativas da vida dos mártires ou os episódios bíblicos, por exemplo, passam pelo crivo da reflexão, pelo controle racional. Voltaire verifica se esses relatos coincidem com o conhecimento histórico disponível ou se são marcados por inverossimilhança evidente: como Aarão poderia ter fabricado tão rapidamente um bezerro de ouro? Como foi possível que todos os acontecimentos do martírio de São Lourenço ocorressem em apenas três dias? Por vezes, ele se faz filólogo, buscando os significados exatos das palavras: "Pois a sagrada Escritura não diz: Pensais ter direito às terras que dizeis lhes terem sido dadas pelo deus Quemós; ela diz positivamente: Tendes o direito, *Tibi jure debentur*, que é o verdadeiro sentido destas palavras hebraicas, *Otho thirasch*" (capítulo XII).

Sua abordagem histórica, porém, vê-se moldada pela vontade demonstrativa que sustenta a argumentação. Suas distorções fazem com que nem sempre os exemplos sejam confiáveis: é evidente o processo de idealização de várias culturas, particularmente a chinesa, para destacá-las em contraste com o obscurantismo ocidental. Essas distorções são acompanhadas por vezes de preconceitos. Um deles, o mais surpreendente, é a respeito dos antigos egípcios, a quem Voltaire se refere como "povo desprezível em todas as épocas, digam o que disserem os admiradores das pirâmides" (capítulo IX). Embora o século XVIII tenha visto crescer a egiptofilia, Voltaire não se deixou seduzir por ela. Em vez disso, via nos egípcios um povo submisso, no avesso das aspirações iluministas:

> Quanto às pirâmides, e outras antiguidades, só provam o orgulho e o mau gosto dos príncipes do Egito, e a escravidão de um povo imbecil, empregando seus braços, que eram o seu único

bem, para satisfazer a ostentação grosseira dos seus mestres. O governo deste povo, nos próprios tempos que se louva tanto, parece absurdo e tirânico [...].

Os iluministas, e Voltaire com eles, definiam o ser humano pelo pensamento reflexivo e racional que é capaz de compreender o mundo e aprimorar os sentimentos. Nessa perspectiva, o filósofo se caracteriza por sua ação, no projeto de tornar humana a humanidade. Humanizar é a ideia, e ela conduz a uma extensão de domínio que resultou numa das mais belas passagens do *Tratado*. O trecho se encontra em uma nota do capítulo XII. No século XVII, Descartes havia proposto a teoria do "animal-máquina", argumentando que os animais não possuíam a capacidade de linguagem como os humanos e eram desprovidos de razão, de causalidade e de capacidade criadora. Segundo ele, havia uma diferença fundamental de natureza entre os animais e os seres humanos, de tal maneira que aqueles deveriam ser considerados como meros mecanismos. Na quinta parte do *Discurso sobre o método*, Descartes afirma a equivalência entre animais e relógios, como diz também na *Carta ao marquês de Newcastle*, de 1646:

> Bem sei que os animais fazem muitas coisas melhor do que nós; isso, porém, não me surpreende, pois apenas serve para provar que eles agem naturalmente e por instinto, assim como um relógio, que mostra muito melhor a hora do que nosso juízo nos ensina. E, sem dúvida, quando as andorinhas chegam na primavera, elas agem como relógios nisso.[5]

---

5 Descartes, Lettre au marquis de Newcastle du 23 novembre 1646.

Voltaire rejeita firmemente a concepção cartesiana que equipara os animais a máquinas, uma visão que foi aceita durante muito tempo por várias correntes filosóficas, embora também tenha sido contestada de imediato por outros pensadores.

Ele recorre ao Antigo Testamento para discutir o costume de nos servirmos dos animais como alimento. Embora Voltaire não fosse vegetariano, suas reservas em relação à prática carnívora são evidentes, e ele apela ao sentimento de humanidade em relação aos animais: "É preciso convir que há uma barbárie em fazê-los sofrer, e certamente é apenas o costume que consegue reduzir em nós o horror natural de abater um animal que alimentamos com nossas mãos" (capítulo XII).

A prática vegetariana tem raízes antigas. Voltaire menciona Pitágoras e, em particular, o hinduísmo, cujo pensamento penetrava o século XVIII ocidental. Seu raciocínio baseia-se na ideia de que o homem não é um ser à parte, como ensinava a Igreja: "Os animais têm as mesmas faculdades que nós. [...] Os animais apenas possuem faculdades, e nós apenas possuímos faculdades. [...] [O] homem recebeu mais talentos do grande Ser, e nada além disso."[6] Dessa forma, com uma visada de graduação, apenas, ele derruba a barreira que separa a natureza humana da natureza animal, e não seria exagero dizer que pavimentou o caminho para a chegada de *A origem das espécies* de Darwin, um século depois. É importante notar que, até os dias de hoje, muitas religiões rejeitam a teoria darwiniana.

De qualquer maneira, Voltaire recusa com veemência a concepção de que os animais sejam meras máquinas, argumentando que possuem afetos e são capazes de expressá-los:

---

6 Voltaire, Lettre de Memmius à Cicéron, p.459.

Parece-me que é preciso ter renunciado à inteligência natural para ousar sugerir que os animais não passam de máquinas. [...] Parece-me ainda que é preciso nunca ter observado os animais para não distinguir neles as diferentes vozes da necessidade, do sofrimento, da alegria, do medo, do amor, da raiva e de todos os seus afetos; seria muito estranho que expressassem tão bem algo que não sentem.

Por essas características, os animais se aproximam dos seres humanos, que deveriam estar mais conscientes dos limites de seus conhecimentos: "e nesta ignorância profunda e eterna, inerente à nossa natureza, discutimos sem parar, perseguimos uns aos outros, como touros que se batem com seus chifres, sem saber por que e como têm chifres" (capítulo XII). Se reconhecermos plenamente a natureza limitada de nossa humanidade, perceberemos que os animais também compartilham dela.

※ ※ ※

"Possam todos os homens lembrarem-se de que são irmãos!" O apelo de Voltaire continua presente e necessário, possuindo uma relevância atemporal que transcende os séculos. Suas palavras ressoam como um lembrete poderoso de que a tolerância, a compreensão e a igualdade são princípios fundamentais para uma sociedade justa.

Voltaire não apenas desafiou as iniquidades e o fanatismo de sua época, mas deixou um legado que inspira gerações posteriores a lutarem por um mundo onde todos vivam com dignidade. Ele nos convida a continuar lembrando que nossa fraternidade abarca toda a humanidade, e que somos responsáveis pela construção de um futuro mais humano e sem exclusões. Em tempos como os nossos, tão repletos de intolerância, as palavras deste *Tratado* soam com esperança e como um convite à ação.

Referências bibliográficas

DESCARTES, René. Lettre au marquis de Newcastle du 23 novembre 1646. In: *Œuvres et lettres*. Paris: Gallimard, 1953. (Col. "Bibliothèque de la Pléiade".)

LOCKE, John. *A Letter concerning Toleration and Other Writings*. Edited with an Introduction by Mark Goldie. Indianapolis: Liberty Fund, 2010.

_____. *Carta sobre a tolerância*. Tradução de Fábio Fortes e Wellington Ferreira Lima. Organização, introdução, revisão técnica, notas e comentários de Flavio Fontenelle Loque. Belo Horizonte: Autêntica, 2019.

VOLTAIRE. Lettre de Memmius à Cicéron. In: *Œuvres complètes de Voltaire*, tomo 28. Paris: Garnier, 1879.

Voltaire

TRATADO SOBRE A TOLERÂNCIA
por ocasião da morte de Jean Calas*

---

* A tradução segue a edição original de 1763. O capítulo suplementar, adicionado na edição de 1765, foi traduzido a partir do texto das *Œuvres complètes de Voltaire*, tomo 25, Paris, Garnier, 1879. (Nota do Tradutor, doravante N. T.)

I
História resumida da morte de Jean Calas

O assassinato de Calas, cometido em Toulouse por meio do gládio da justiça, em 9 de março de 1762, é um dos mais singulares acontecimentos que merece a atenção da nossa época e da posteridade. Logo se esquece dessa multidão de mortos que pereceram em inúmeras batalhas, não só porque é a fatalidade inevitável da guerra, mas porque aqueles que morrem pelo destino das armas podiam também matar os seus inimigos, e não pereceram sem se defenderem. Ali onde o perigo e a vantagem são iguais, o espanto cessa, e a piedade até enfraquece: mas se um pai de família inocente é entregue nas mãos do erro, ou da paixão, ou do fanatismo; se o acusado não tiver outra defesa senão sua virtude, se os árbitros da sua vida, ao lhe cortarem a garganta, só correm o risco de cometer um erro, se podem matar impunemente por meio de uma sentença; então o clamor público se levanta, cada um teme por si próprio; vê-se que ninguém tem sua vida assegurada diante de um tribunal criado para zelar pela vida dos cidadãos, e todas as vozes se reúnem para pedir vingança.

Tratava-se, neste estranho caso, de religião, de suicídio, de parricídio: tratava-se de saber se um pai e uma mãe haviam estrangulado o seu filho para agradar a Deus, se um irmão havia estrangulado o seu irmão, se um amigo havia estrangulado seu amigo, e se os juízes teriam que se acusar de ter feito morrer na roda[1] um pai inocente, ou de terem poupado uma mãe, um irmão, um amigo, culpados.

Jean Calas, com 68 anos, trabalhava como comerciante em Toulouse havia mais de quatro décadas, e era reconhecido por todos os que conviveram com ele como um bom pai. Ele era protestante, assim como sua esposa e todos os seus filhos, exceto um que havia abjurado a heresia e a quem seu pai dava uma pequena pensão. Parecia tão distanciado desse absurdo fanatismo que rompe todos os laços da sociedade, que não apenas aprovou a conversão de seu filho Louis Calas, mas também tinha em casa, havia trinta anos, uma criada, fervorosa e zelosa católica, que criara todos os seus filhos.

Um dos filhos de Jean Calas, chamado Marc-Antoine, era um homem de letras: tinha espírito inquieto, sombrio e violento. Este jovem, não conseguindo nem entrar para o comércio, para o qual não possuía aptidão, nem ser aceito como advogado, porque eram necessários certificados de catolicidade, que não conseguira obter, resolveu pôr fim à sua vida, e fez pressentir tal projeto a um de seus amigos: confirmou sua resolução pela leitura de tudo o que havia sido escrito sobre o suicídio.

Enfim, um dia, tendo perdido seu dinheiro no jogo, escolheu esse mesmo dia para executar sua intenção. Um amigo de sua família, e seu próprio, chamado Lavaisse, um jovem de 19

---

1 Roda de despedaçamento: instrumento de tortura empregado para penas capitais em execuções públicas. O condenado, amarrado a uma roda, tinha seus ossos quebrados com martelos e malhos. (N. T.)

anos, conhecido pela candura e suavidade de seus costumes, filho de um advogado célebre de Toulouse, havia chegado[2] de Bordéus na véspera; jantou, por acaso, com os Calas. O pai, a mãe, Marc-Antoine, o filho mais velho, Pierre, e o segundo filho comeram juntos. Depois do jantar, retiraram-se numa saleta; Marc-Antoine desapareceu: enfim, quando o jovem Lavaisse quis partir, Pierre Calas e ele, tendo descido, encontraram embaixo, junto à loja, Marc-Antoine, em mangas de camisa, enforcado numa porta, e seu casaco dobrado sobre o balcão; sua camisa não estava sequer desarrumada; seus cabelos estavam bem penteados: não tinha, em seu corpo, nenhuma ferida, nenhum hematoma.[3]

Deixa-se de lado, aqui, todos os detalhes que os advogados relataram: não descreveremos a dor e o desespero do pai e da mãe: seus gritos foram ouvidos pelos vizinhos. Lavaisse e Pierre Calas, desnorteados, correram em busca de médicos e oficiais de justiça.

Enquanto cumpriam este dever, enquanto o pai e a mãe soluçavam e choravam, o povo de Toulouse se atropelava em volta da casa. Essa gente, supersticiosa e impulsiva, vê como monstros os irmãos que não pertencem à mesma religião. É em Toulouse que se agradece a Deus solenemente pela morte de Henrique III,[4] e é

---

2 12 de outubro de 1761.
3 Encontraram nele, após o transporte do cadáver para a prefeitura, apenas um pequeno arranhão na ponta do nariz e uma pequena mancha no peito, causada por alguma inadvertência no transporte do corpo.
4 Rei considerado favorável aos protestantes, que mandara assassinar o duque de Guise, chefe da Liga católica, e que é por sua vez assassinado pelo monge fanático Jacques Clément, em 1589. (N. T.)

onde se prestou juramento de degolar o primeiro que falasse em reconhecer o grande, o bom Henrique IV.⁵ Esta cidade soleniza ainda todos os anos, com procissão e grandes fogueiras, o dia em que massacrou quatro mil cidadãos heréticos dois séculos atrás. Em vão seis decretos do Conselho proibiram esta odiosa festa: o povo de Toulouse sempre a celebrou, assim como celebra os jogos florais.⁶

Algum fanático do populacho gritou que Jean Calas tinha enforcado seu próprio filho Marc-Antoine. Este grito repetido foi unânime em um instante. Outros acrescentaram que o morto devia abjurar no dia seguinte; que a sua família e o jovem Lavaisse o tinham estrangulado, por ódio contra a religião católica: no momento seguinte já ninguém duvidava mais disso; toda a cidade foi persuadida de que é uma regra de religião entre os protestantes que um pai e uma mãe devam assassinar o filho, assim que ele quiser se converter.

Os espíritos, uma vez comovidos, não paravam mais. Imaginou-se que os protestantes do Languedoc tinham se reunido na véspera; que haviam escolhido por maioria de votos um carrasco da seita; que a escolha havia recaído sobre o jovem Lavaisse; que este jovem, em vinte e quatro horas, recebera a notícia da sua eleição, e viera de Bordéus para ajudar Jean Calas, a mulher e seu filho Pierre a estrangular um amigo, um filho, um irmão.

---

5 Sucedeu o precedente. Era protestante e teve que se converter ao catolicismo para assumir o trono em 1589. Seria assassinado pelo fanático católico Ravaillac em 1610. (N. T.)

6 A Academia dos Jogos Florais, fundada em 1323 em Toulouse, organiza até hoje festividades em torno de concursos que coroam poetas e escritores. (N. T.)

O sr. David, *capitoul*[7] de Toulouse, excitado por esses rumores, e querendo validá-los mediante uma pronta execução, ajuizou uma ação contra as regras e ordenações. A família Calas, a criada católica e Lavaisse foram recolhidos à prisão.

Publicou-se uma monitória religiosa não menos viciosa que o processo. Foram mais longe. Marc-Antoine Calas morrera calvinista; e se havia atentado contra si mesmo, deveria ser arrastado na lama: foi sepultado com a maior pompa na igreja de St. Étienne, apesar do pároco que protestava contra essa profanação.

Existem, no Languedoc, quatro confrarias de penitentes: a branca, a azul, a cinza e a negra. Os confrades usam um longo capuz com uma máscara de pano perfurada com dois buracos para deixar a vista livre: quiseram fazer o sr. duque de Fitz-James, comandante da província, entrar nessa corporação, e ele recusou. Os confrades brancos prestaram uma cerimônia solene a Marc-Antoine Calas como a um mártir. Nunca nenhuma igreja celebrou a festa de um verdadeiro mártir com mais pompa; mas essa pompa foi terrível. Haviam erguido sobre um magnífico catafalco, um esqueleto que se movia e que representava Marc-Antoine Calas, segurando uma palma em uma das mãos e na outra a pena com a qual deveria assinar a abjuração da heresia, e que, na verdade, escrevia a sentença de morte de seu pai.

Então, só faltou a canonização ao infeliz que tinha atentado contra si mesmo; todo o povo o considerava um santo:

---

[7] Os *capitouls* eram membros da administração municipal que dirigia a cidade até a Revolução Francesa, com atribuições administrativas, judiciárias e militares. (N. T.)

alguns o invocavam; outros iam orar em seu túmulo, outros pediam-lhe milagres, outros contavam os que ele realizara. Um monge arrancou-lhe alguns dentes para ter relíquias duradouras. Uma devota, um pouco surda, disse ter ouvido o som dos sinos. Um padre apoplético foi curado após tomar eméticos. Redigiram-se atas desses prodígios. Quem escreve esta narração tem um atestado declarando que um jovem de Toulouse enlouqueceu por ter rezado várias noites no túmulo do novo santo e por não ter conseguido o milagre que implorava.

Alguns magistrados eram da irmandade dos Penitentes Brancos. A partir desse momento a morte de Jean Calas pareceu infalível.

O que preparou seu suplício foi sobretudo a aproximação dessa festa singular que o povo de Toulouse celebra todos os anos em memória do massacre de quatro mil huguenotes; o ano de 1762 era ano de centenário. Erguia-se na cidade o aparato dessa solenidade; isso, por si só, acendia mais ainda a imaginação acalorada do povo: dizia-se publicamente que o cadafalso sobre o qual os Calas seriam postos no suplício das rodas seria o maior ornamento da festa; dizia-se que a própria Providência trouxera essas vítimas para serem sacrificadas à nossa santa religião. Vinte pessoas ouviram estes discursos, e outros mais violentos ainda. E isso em nossos dias! E num tempo em que a filosofia fez tantos progressos! E é quando cem academias escrevem para inspirar a suavidade dos costumes! Parece que o fanatismo, recentemente indignado com os sucessos da razão, debate-se sob ela com mais fúria.

Treze juízes reuniram-se todos os dias para concluir o processo. Não se tinha, não se podia ter prova alguma contra a família; mas a religião enganada tomou o lugar da prova. Seis juízes persistiram durante muito tempo em condenar Jean Calas, seu filho, e Lavaisse, ao suplício da roda, e a esposa de Jean Calas à fogueira. Sete outros, mais moderados, queriam que pelo menos examinassem o assunto. Os debates foram reiterados e longos. Um dos juízes, convencido da inocência dos acusados, e da impossibilidade do crime, falou vivamente em favor deles; opôs o zelo da humanidade ao zelo da severidade; tornou-se o advogado público dos Calas em todas as casas de Toulouse, onde os contínuos gritos da religião abusada exigiam o sangue desses infortunados. Outro juiz, conhecido por sua violência, falava na cidade com tanta raiva contra os Calas quanto o primeiro mostrava vontade de defendê-los. Finalmente, a explosão foi tão grande que foram ambos obrigados a recuar; eles se retiraram para o campo.

Mas, por uma estranha infelicidade, o juiz favorável aos Calas teve a delicadeza de persistir em sua recusa, e o outro voltou a dar a sua voz contra aqueles que não deveria julgar: foi esta voz que formou a condenação ao suplício da roda; pois houve oito votos a cinco, tendo um dos seis juízes opostos, no final, depois de muitas contestações, passado para o lado mais severo.

Parece que quando se trata de parricídio, e de entregar um pai de família ao mais horrível suplício, o julgamento deveria ser unânime, porque as provas de um crime tão inaudito[8]

---

8 Conheço apenas dois exemplos de pais acusados na história de terem assassinado seus filhos por causa da religião: o primeiro é o do pai de Santa Bárbara, a quem chamamos de Santa Barbe. Ele havia encomendado duas janelas para seu banheiro: Bárbara, na sua ausência, fez uma terceira em homenagem à santa Trindade; fez o sinal da cruz *com a ponta do dedo* nas colunas de mármore, e esse sinal

deveriam ter uma evidência sensível a todo mundo: a menor dúvida, num caso assim, deve bastar para fazer tremer um juiz quando está prestes a assinar uma sentença de morte. A fraqueza da nossa razão e a insuficiência das nossas leis fazem-se sentir todos os dias; mas em que ocasião se descobre melhor essa miséria do que quando a preponderância de um único voto leva um cidadão ao suplício da roda? Em Atenas era preciso cinquenta votos além da metade para ousar pronunciar uma sentença de morte. O que resulta disso? Que sabemos, muito inutilmente, que os gregos eram mais ponderados e mais humanos do que nós.

Parecia impossível que Jean Calas, ancião de 68 anos, que há muito tempo tinha as pernas inchadas e fracas, tivesse estrangulado e enforcado sozinho um filho de 28 anos, que possuía uma força acima do comum; seria absolutamente necessário que ele tivesse sido assistido nesta execução por sua esposa, por seu filho Pierre Calas, por Lavaisse, e pela criada. Eles não se separaram nem por um momento na noite daquela fatal aventura. Mas esta suposição era ainda tão absurda quanto a outra: pois como poderia uma serviçal, católica zelosa, ter permitido que os huguenotes assassinassem um jovem criado por ela,

---

gravou-se profundamente nas colunas. Seu pai furioso correu atrás dela com a espada na mão, mas ela fugiu através de uma montanha, que se abriu para ela. O pai deu a volta à montanha e alcançou a filha; ela foi chicoteada nua, mas Deus a cobriu com uma nuvem branca; finalmente seu pai cortou sua cabeça. Isto é o que relata a *Flos Sanctorum*.

O segundo exemplo é do príncipe Hermenegildo. Ele se revoltou contra o rei, seu pai, enfrentou-o numa batalha, em 584, foi derrotado e morto por um oficial: foi feito mártir, porque seu pai era ariano.

para puni-lo por amar a religião dessa serva? Como poderia Lavaisse ter vindo de propósito de Bordéus para estrangular o seu amigo, de cuja alegada conversão ele desconhecia? Como poderia uma afetuosa mãe ter posto suas mãos em seu filho? Como todos juntos puderam ter estrangulado um jovem tão robusto quanto todos eles, sem uma luta longa e violenta, sem gritos terríveis que chamariam a vizinhança inteira, sem golpes repetidos, sem hematomas, sem roupas rasgadas?

Era evidente que, se o parricídio fosse cometido, todos os acusados seriam igualmente culpados, porque não se tinham separado nem por um momento; era evidente que não haviam se separado; era evidente que o pai sozinho não poderia ser culpado; e entretanto, a sentença condenou esse pai apenas a morrer pelo suplício da roda.

O motivo da sentença era tão inconcebível quanto todo o resto. Os juízes que haviam decidido pela punição de Jean Calas persuadiram os demais de que aquele velho débil não conseguiria resistir aos tormentos, e que confessaria sob os golpes dos algozes o seu crime e o de seus cúmplices. Eles ficaram confusos quando este velho, morrendo sobre a roda, tomou Deus como testemunha de sua inocência e implorou-lhe que perdoasse seus juízes.

Foram obrigados a proferir uma segunda sentença contraditória à primeira: libertar a mãe, seu filho Pierre, o jovem Lavaisse e a criada; mas um dos conselheiros, percebendo que essa sentença contradizia a outra, que eles estavam se condenando a si próprios, que tendo todos os acusados estado sempre juntos no momento em que se supunha o parricídio, a libertação de todos os sobreviventes provava invencivelmente a inocência do pai de família executado. Decidiram então banir

Pierre Calas, seu filho. Este banimento parecia tão inconsequente, tão absurdo quanto todo o resto: porque Pierre Calas era ou culpado ou inocente do parricídio; se fosse culpado, deveria ser punido como seu pai; se fosse inocente, não deveria ser banido. Mas os juízes, assustados com o suplício do pai e com a comovente piedade com que ele morrera, imaginaram salvar suas honras deixando as pessoas acreditarem que estavam demonstrando misericórdia para com o filho; como se não tivesse sido uma nova prevaricação conceder misericórdia: e acreditaram que o banimento deste jovem, pobre e sem apoio, sendo sem consequências, não era uma grande injustiça, depois daquela que tiveram a infelicidade de cometer.

Começaram ameaçando Pierre Calas em sua masmorra, para tratá-lo como seu pai se ele não renunciasse à sua religião. É o que esse jovem[9] atesta sob juramento.

Pierre Calas, saindo da cidade, encontrou um abade convertedor, que o trouxe de volta a Toulouse; fecharam-no num convento de dominicanos, e ali o obrigaram a cumprir todas as funções da catolicidade; era em parte o que se queria, era o preço do sangue de seu pai; e a religião que acreditaram vingar parecia satisfeita.

Afastaram da mãe as filhas; elas foram trancadas em um convento. Aquela mulher, quase encharcada com o sangue de seu marido, tendo sustentado nos braços o filho mais velho morto, vendo o outro banido, privada das filhas, despojada de todos os seus bens, estava sozinha no mundo, sem pão, sem

---

9 Um jacobino veio ao meu calabouço e me ameaçou com o mesmo tipo de morte, se eu não abjurasse: é o que atesto diante de Deus. 23 de julho de 1762.

Pierre Calas.

esperança e morrendo por causa do excesso de sua desgraça. Algumas pessoas, tendo examinado cuidadosamente todas as circunstâncias dessa horrível aventura, ficaram tão impressionadas com ela que insistiram com a senhora Calas, retirada na solidão, para que ousasse ir pedir justiça aos pés do trono. Ela não podia mais se sustentar, ela se extinguia; além disso, tendo nascido inglesa, transplantada desde muito jovem para uma província da França, bastava o nome da cidade de Paris para assustá-la. Ela imaginava que a capital do reino fosse ainda mais bárbara que Toulouse. Enfim, o dever de vingar a memória do marido prevaleceu sobre a sua fraqueza. Ela chegou a Paris prestes a expirar. Espantou-se ao encontrar ali acolhida, socorro e lágrimas.

A razão prevalece em Paris sobre o fanatismo, por maior que seja; enquanto na província esse fanatismo quase sempre prevalece sobre a razão.

O sr. de Beaumont, célebre advogado do Parlamento de Paris, primeiro assumiu a sua defesa, e elaborou uma consulta, que foi assinada por quinze advogados. O sr. Loiseau, não menos eloquente, compôs um memorial em favor da família. O sr. Mariette, advogado do Conselho, redigiu uma requisição judicial, que levava convicção a todos os espíritos.

Estes três generosos defensores das leis e da inocência deixaram à viúva o lucro das edições de seus arrazoados.[10] Paris e a Europa inteira comoveram-se com piedade e pediram justiça para aquela mulher infeliz. A sentença foi pronunciada por todo o público bem antes de poder ser assinada pelo Conselho.

---

10 Foram feitas edições falsas em várias cidades e a senhora Calas perdeu o fruto desta generosidade.

A piedade penetrou até no ministério, apesar da torrente contínua de casos, que muitas vezes exclui a piedade, e apesar do hábito de ver pessoas infelizes, o que pode endurecer ainda mais o coração. Devolveram as filhas para a mãe: viram todas as três cobertas com um tecido negro e banhadas em lágrimas, capazes de fazer derramar também a seus juízes.

Entretanto, essa família ainda teve alguns inimigos, pois se tratava de religião. Várias pessoas, que na França são chamadas de *devotas*,[11] disseram em alto e bom som que valia mais pôr um velho calvinista inocente para morrer na roda do que expor oito conselheiros do Languedoc a convirem que haviam se enganado; chegou-se mesmo a empregar esta expressão: "Há mais magistrados do que Calas", e daí se inferiu que a família Calas devia ser imolada em honra da magistratura. Não se imaginava que a honra dos juízes, como a dos outros homens, consistia em reparar as próprias faltas. Não acreditamos na França que o papa, assistido por seus cardeais, seja infalível: da mesma maneira, poderíamos acreditar que oito juízes de Toulouse não o são. Todo o restante de pessoas sensatas e desinteressadas diziam que a sentença de Toulouse seria anulada em toda a Europa, mesmo que considerações particulares o impedissem de ser anulado no Conselho.

Tal era o estado desta espantosa aventura, quando ela fez brotar em pessoas imparciais, mas sensíveis, a intenção de apresentar ao público algumas reflexões sobre a tolerância, sobre a indulgência, sobre a comiseração, que o abade Houteville

---

11 *Devoto* vem da palavra latina *devotus*. Os *devoti* da Roma antiga eram aqueles que se devotavam à salvação da república; eles eram os Curtius, os Decius.

chama de *dogma monstruoso*, em sua declamação empolada e errônea sobre os fatos, e que a razão chama de *o apanágio da natureza*.

Ou os juízes de Toulouse, arrastados pelo fanatismo do populacho, puseram um pai de família inocente sob o suplício da roda, o que é sem exemplo; ou este pai de família e a mulher estrangularam o filho mais velho, ajudados neste parricídio por outro filho e um amigo, o que não é natural. Em ambos os casos, o abuso da mais santa religião produziu um grande crime. É, portanto, do interesse do gênero humano examinar se a religião deve ser caridosa ou bárbara.

II
Consequências do suplício de Jean Calas

Se os penitentes brancos foram a causa do suplício de um homem inocente, da ruína total de uma família, de sua dispersão e do opróbrio que deveria estar apenas associado à injustiça, mas que está vinculado ao suplício; se essa precipitação dos penitentes brancos em celebrá-lo como um santo, aquele que deveria ter sido arrastado pela lama, fez condenar ao suplício da roda um virtuoso pai de família; esta desgraça deve, sem dúvida, torná-los penitentes para o resto da vida: eles e os juízes devem chorar, mas não com uma longa túnica branca e uma máscara sobre rosto, que esconderia suas lágrimas.

Todas as confrarias são respeitadas; elas são edificantes: mas qualquer que seja o grande bem que possam fazer ao Estado, será que ele iguala o terrível mal que causaram? Parecem instituídas pelo zelo que anima os católicos no Languedoc contra aqueles a quem chamamos *huguenotes*. Poderíamos dizer que fizeram o voto de odiar os irmãos; porque, se temos religião suficiente para odiar e perseguir, não temos o suficiente para amar e socorrer. E o que seria se essas confrarias fossem governadas por entusiastas, como antigamente o eram algumas congregações de artesãos e dos *senhores*, entre as quais o hábito de ter visões reduzia-se à arte e ao sistema, como o diz um dos nossos mais eloquentes e cultos magistrados? Como seria se estabelecêssemos nas confrarias essas salas escuras, chamadas *salas de meditação*, onde se mandava pintar demônios armados com chifres e garras, abismos de chamas, cruzes e punhais, com o santo nome de Jesus acima do quadro? Que espetáculo para os olhos já fascinados, e para imaginações tão inflamadas quanto submetidas a seus diretores!

Houve momentos, como sabemos muito bem, em que as confrarias eram perigosas. Os Irmãos e os Flagelantes causaram perturbações. A Liga começou com essas associações. Por que se destacar assim dos outros cidadãos? Acreditavam-se mais perfeitos? Isto por si só é um insulto ao resto da nação. Queriam que todos os cristãos entrassem para a confraria? Seria um belo espetáculo ver a Europa de capuz e máscara, com dois buraquinhos redondos diante dos olhos! Alguém pensa de boa-fé que Deus prefere esta roupa a um gibão? Há muito mais do que isso; essa roupa é um uniforme dos controversistas,[1] que alerta os adversários para se armarem; pode excitar uma espécie de guerra civil nas mentes das pessoas; ela talvez termine por excessos desastrosos, se o rei e os seus ministros não fossem tão sábios quanto os fanáticos são insensatos.

Sabe-se muito bem qual tem sido o custo desde que os cristãos brigam a respeito de dogmas; sangue correu, seja nos cadafalsos, seja nas batalhas, desde o quarto século até nossos dias. Limitemo-nos aqui às guerras e aos horrores que as que-

---

[1] Controversista: teólogo que trata dos temas de controversa religiosa, que se especializa em tratar essas questões. (N. T.)

relas da reforma excitaram e vejamos qual foi a sua origem na França. Talvez um quadro resumido e fiel a tantas calamidades abra os olhos de algumas pessoas pouco instruídas e toque corações bem formados.

III
Ideia da Reforma do século XVI

Quando, com o renascimento das letras, os espíritos começaram a se esclarecer, as pessoas se queixaram geralmente dos abusos; todo mundo admite que essa queixa era legítima. O papa Alexandre VI comprara publicamente a tiara e os seus cinco bastardos partilhavam os benefícios. Seu filho, o cardeal duque de Borgia, mandou matar, de acordo com o papa, seu pai, os Vitelli, os Urbino, os Gravina, os Oliveretto e uma centena de outros senhores, para roubar seus domínios. Júlio II, animado pelo mesmo espírito, excomungou Luís XII, entregou o seu reino ao primeiro ocupante, e ele próprio, com o capacete na cabeça e a armadura nas costas, pôs uma parte da Itália a fogo e a sangue. Leão X, para custear seus prazeres, traficou indulgências, como se vende artigos num mercado público. Aqueles que se levantaram contra tanto banditismo não tinham, pelo menos, nenhum erro moral; vamos ver se tinham alguma coisa contra nós na política.

Diziam que, como Jesus Cristo nunca exigira anatas, nem reservas, nem venda de dispensas para este mundo, nem indulgências para o outro, era possível dispensar o pagamento a um príncipe estrangeiro do preço de todas essas coisas. Quando as anatas, os processos no tribunal de Roma e as dispensas que ainda hoje existem nos custam apenas quinhentos mil francos por ano, é claro que já pagamos desde Francisco I, em duzentos e cinquenta anos, 125 milhões; e avaliando os diferentes preços dos marcos de prata, esta soma ascende hoje a cerca de 250 milhões. Podemos, portanto, convir sem blasfêmia que os heréticos, ao proporem a abolição desses impostos singulares, que surpreenderão a posteridade, não estavam causando com isso um grande dano ao reino, e que eram antes bons calculadores do que maus súditos. Acrescentemos que eles eram os únicos que sabiam a língua grega e conheciam a Antiguidade. Não escondamos que, apesar dos seus erros, devemos-lhes o desenvolvimento do espírito humano, enterrado na mais densa barbárie por muito tempo.

Mas, como negavam o purgatório, do qual não devemos duvidar, e que aliás dava muito lucro aos monges; como não reverenciavam relíquias que devem ser reverenciadas, mas que rendiam mais ainda; finalmente, como atacaram dogmas muito respeitados,[1] de início só obtiveram a resposta de serem quei-

---

1 Renovavam o sentimento de Bérenger sobre a eucaristia; negavam que um corpo pudesse estar em cem mil lugares diferentes, mesmo pela onipotência divina; negavam que os atributos pudessem subsistir sem sujeito; acreditavam que era absolutamente impossível que aquilo que é pão e vinho para os olhos, para o paladar, para o estômago, fosse anulado no próprio momento em que existe; apoiavam todos estes erros anteriormente condenados em Bérenger. Fundamentavam-se em diversas passagens dos primeiros padres da Igreja, e sobretudo de São Justino, que diz expressamente no seu *Diálogo contra Tifão*: "A oblação de farinha fina é a figura da eucaristia, que Jesus Cristo nos ordena fazer em memória da sua paixão" [καὶ ἡ

mados. O rei que os protegia, e os subornava na Alemanha, marchou em Paris à frente de uma procissão, depois da qual vários desses infelizes foram executados; e aqui está o que foi essa execução. Foram suspensos na extremidade de uma longa viga que balançava sobre uma árvore em pé; embaixo deles uma grande fogueira foi acesa, sobre a qual eram mergulhados e levantados alternadamente; sofriam tormentos de morte gradativamente, até que expirassem pelo mais longo e terrível suplício que a barbárie já inventou.

Pouco antes da morte de Francisco I, alguns membros do Parlamento da Provença, animados pelos eclesiásticos contra os habitantes de Mérindol e de Cabrière, pediram tropas ao rei para apoiar a execução de dezenove pessoas daquele lugar, por eles condenadas; fizeram degolar seis mil, sem perdoar nem o sexo, nem a velhice, nem a infância; reduziram trinta burgos a cinzas. Essas pessoas, até então desconhecidas, sem dúvida

---

τῆς σεμιδάλεως etc. τύπος ἦν τοῦ ἄρτου τῆς εὐχαριστίας, ὃν εἰς ἀνάμνησιν τοῦ πάθους etc. Ἰησοῦς Χριστὸς ὁ κύριος ἡμῶν παρέδωκε ποιεῖν;] (p.119, Ed. Londinensis, 1719, in-8°).

Lembravam tudo o que foi dito nos primeiros séculos contra o culto das relíquias; citavam estas palavras de Vigilâncio: "É necessário que respeitem, ou mesmo adorem, uma poeira vil? As almas dos mártires ainda amam as suas cinzas? Os costumes dos idólatras se introduziram na Igreja; começamos a acender tochas ao meio-dia: podemos orar uns pelos outros durante a vida; mas depois da morte, para que servem essas orações?"

Mas eles não disseram o quanto São Jerônimo havia se elevado contra essas palavras de Vigilâncio. Por fim, queriam vincular tudo aos tempos apostólicos, e não queriam convir que a Igreja, tendo-se alargado e fortificado, necessitava alargar e reforçar sua disciplina: condenavam as riquezas, que pareciam, no entanto, necessárias para sustentar a majestade do culto.

estavam erradas por nascerem valdenses, que era sua única iniquidade. Eles tinham se estabelecido havia trezentos anos em desertos e montanhas que tornaram férteis por meio de um trabalho incrível. Sua vida pastoral e tranquila recordava a inocência atribuída às primeiras eras do mundo. Conheciam as cidades vizinhas apenas pelo comércio das frutas que iam vender; ignoraram os processos e a guerra; não se defenderam; foram abatidos como animais fugitivos que são mortos em um curral.[2]

---

[2] O verídico e respeitável presidente de Thou fala assim destes homens tão inocentes e tão infelizes: *"Homines esse qui trecentis circiter abhinc annis asperum et incultum solum vectigale a dominis acceperint, quod improbo labore et assiduo cultu frugum ferax et aptum pecori reddiderint; patientissimos eos laboris et inediæ, to litibus abhorrentes, erga egenos munificos, tributa principi et sua jura dominis sedulo et summa fide pendere; Dei cultum assiduis precibus et morum innocentia præ se ferre, caeterum raro divorum templa adire, nisi si quando ad vicina suis finibus oppida mercandi aut negotiorum causa divertant; quo si quandoque pedem inferant, non Dei divorumque statuis advolvi, nec æreos eis aut donaria ulla ponere; non sacerdotes ab eis rogari ut pro se, aut propinquorum manibus rem divinam faciant: non cruce frontem insignire uti aliorum moris est; cum cælum intonat, non se lustrali aqua aspergere, sed sublatis in cælum oculis Dei opem implorare; non religionis, ergo peregre proficisci, non per vias ante crucium simulacra caput aperire; sacra alio ritu, et populari lingua celebrare; non denique pontifici aut episcopis honorem deferre, sed quosdam e suo numero delectos pro antistibus et doctoribus habere. Hæc uti ad Franciscum relata VI id. feb., anni etc."* [São homens que, há cerca de trezentos anos, receberam dos senhores como rendimento um solo áspero e inculto, que com trabalho ruim e cultivo constante de colheitas os tornaram lugares selvagens frutíferos e próprios para o gado; foram levados a serem muito pacientes com o trabalho e a fome, avessos às disputas e, portanto, generosos com os necessitados, com os tributos ao príncipe e os direitos ao senhor, e a dependerem da fé mais elevada; levavam adiante a adoração a Deus por meio de orações constantes e pela inocência de seus costumes; além disso, raramente vão aos cultos, exceto quando eles às

Depois da morte de Francisco I, príncipe mais conhecido, entretanto, por seus galanteios e por seus infortúnios do que pelas suas crueldades, o suplício de mil heréticos, especialmente o de Dubourg, conselheiro no Parlamento, e enfim o massacre de Vassy, os perseguidos, cuja seita se multiplicara à luz das fogueiras e sob o ferro dos carrascos, se armaram; a raiva sucedeu à paciência; imitaram as crueldades dos seus inimigos: nove guerras civis encheram a França de carnificina; uma paz mais funesta que a guerra produziu São Bartolomeu,[3] sem exemplo anterior nos anais dos crimes.

---

vezes se desviam para as cidades vizinhas de suas fronteiras com a finalidade de comércio ou negócios; onde punham o pé no chão, não de Deus, prostrando-se diante das estátuas dos deuses, nem acendiam velas ou davam presentes de qualquer espécie para eles; nem rogavam aos sacerdotes, ou faziam algo divino com as mãos dos seus próximos, nem eram marcados com uma cruz na testa, como é o costume de outros: quando louvam os céus, não borrifam as águas lustrais mas erguem os olhos aos céus para implorar a ajuda de Deus, não fazem peregrinações pela religião, não fingem descobrir-se diante das cruzes dos caminhos; celebram o sagrado em outro rito e na linguagem popular; não, em suma, para honrar o papa ou os bispos, mas para que alguns sejam elegidos entre eles como primeiros e doutores. Este uso foi relatado a Francisco VI, id., fevereiro, ano etc.] (Thuani, *Hist.*, livro VI).

Madame de Cental, a quem pertencia uma parte das terras devastadas, e sobre as quais só se viam os cadáveres dos seus habitantes, solicitou justiça ao rei Henrique II, que a encaminhou ao Parlamento de Paris. O advogado geral da Provença, de nome Guerin, principal autor dos massacres, foi o único condenado a perder a cabeça. De Thou disse que só ele suportou o castigo dos outros culpados, *quod aulicorum favore destitueretur*, porque não tinha amigos na corte.

3 O massacre da noite de São Bartolomeu ocorreu no dia 24 de agosto de 1572, em Paris, quando os católicos, comandados pelo rei, assassinaram milhares de protestantes. (N. T.)

A Liga[4] assassinou Henrique III e Henrique IV, pelas mãos de um irmão jacobino, e de um monstro que havia sido o irmão beneditino. Há pessoas que afirmam que a humanidade, a indulgência e a liberdade de consciência são coisas horríveis. Mas, de boa-fé, teriam elas produzido calamidades comparáveis?

---

4 Partido católico. (N. T.)

IV
Se a tolerância é perigosa;
e entre quais povos é permitida

Alguns disseram que se empregássemos uma indulgência paterna para com os nossos irmãos errantes, que oram a Deus em mau francês, seria lhes pôr armas nas mãos, que veríamos novas batalhas de Jarnac, de Moncontour, de Coutras, de Dreux, de St. Denis etc. É o que não sei, porque não sou profeta; mas parece-me que não é um raciocínio consistente dizer: "Estes homens se sublevaram quando eu lhes fiz mal, portanto eles se sublevarão quando eu lhes fizer bem."

Eu ousaria tomar a liberdade de convidar aqueles que estão à frente do governo, e aqueles que estão destinados a grandes funções, a disporem-se a examinar ponderadamente se deveríamos de fato temer que a gentileza produza as mesmas revoltas que a crueldade fez brotar; se o que ocorreu em determinadas circunstâncias deve acontecer em outras; se os tempos, a opinião, os costumes são sempre os mesmos?

Os huguenotes, sem dúvida, embriagaram-se de fanatismo e mancharam-se de sangue como nós: mas será a geração atual tão bárbara quanto a de seus pais? O tempo, a razão que tanto avança, os bons livros, a suavidade da sociedade, não penetraram naqueles que conduzem o espírito dessas pessoas? E não percebemos que quase toda a Europa mudou de rosto ao longo dos últimos cinquenta anos?

O governo fortaleceu-se em todos os lugares, enquanto os costumes se suavizaram. A polícia geral, apoiando-se em numerosos exércitos ainda existentes, não nos permite, aliás, temer o regresso daqueles tempos anárquicos, quando os camponeses calvinistas combatiam os camponeses católicos, arregimentados às pressas entre as semeaduras e as colheitas.

Outros tempos, outros cuidados. Seria absurdo dizimar hoje a Sorbonne, por ter apresentado outrora uma solicitação para mandar à fogueira a Donzela de Orléans; porque declarou Henrique III privado do direito de reinar, que o excomungou, que prescreveu o grande Henrique IV. Não buscaremos, sem dúvida, outros órgãos do reino que cometeram os mesmos excessos naqueles tempos de alvoroço; isto não só seria injusto, mas seria tanta loucura quanto expurgar todos os habitantes de Marselha porque tiveram a peste em 1720.

Saquearíamos Roma, como fizeram as tropas de Carlos V, porque Sisto V, em 1585, concedeu nove anos de indulgência a todos os franceses que pegassem em armas contra o seu soberano? E não basta impedir que Roma nunca mais chegue a cometer excessos semelhantes?

A fúria inspirada pelo espírito dogmático e o abuso da religião cristã mal compreendida derramou tanto sangue, produziu tantos desastres na Alemanha, na Inglaterra, e até mesmo na Holanda, quanto na França: no entanto, hoje, a diferença das religiões não causa qualquer problema nesses Estados; o judeu, o católico, o grego, o luterano, o calvinista, o anabatista, o sociniano, o menonita, o morávio, e muitos outros, vivem como irmãos nesses lugares e contribuem igualmente para o bem da sociedade.

Não se teme mais, na Holanda, que as disputas de um Gomar[1] sobre a predestinação levem a cortarem a cabeça do grande pensionário.[2] Não se teme mais, em Londres, que as querelas dos presbiterianos e dos episcopais sobre uma liturgia e sobre uma sobrepeliz derramem o sangue de um rei num cadafalso.[3] A Irlanda povoada e enriquecida não verá mais os seus

---

1 François Gomar foi um teólogo protestante; ele sustentou contra Armínio, seu colega, que Deus destinou, por toda a eternidade, a maior parte dos homens a serem queimados eternamente: esse dogma infernal foi apoiado como deveria ser pela perseguição. O grande pensionário Barneweldt, que era do partido contrário a Gomar, teve a cabeça decepada aos 72 anos, em 13 de maio de 1619, "por ter mortificado tanto quanto possível a Igreja de Deus".

2 *Pensionnaire*: alto funcionário holandês. (N. T.)

3 Um declamador, na apologia da revogação do Édito de Nantes, diz, falando da Inglaterra: "Uma falsa religião devia produzir necessariamente tais frutos; só faltava um para amadurecer, estes insulares recolhem-no, é o desprezo das nações." Deve-se admitir que o autor demora muito para dizer que os ingleses são desprezíveis e desprezados pela terra inteira. Não é, parece-me, quando uma nação destaca sua bravura e a sua generosidade, quando é vitoriosa nas quatro partes do mundo, que se é bem recebido ao dizer que ela é desprezível e desprezada. É num capítulo sobre a intolerância que encontramos essa singular passagem. Os que pregam a intolerância merecem escrever assim. Esse abominável livro, que parece ter sido escrito pelo louco de Verberie, é de um homem sem missão: pois que pastor escreveria assim? A fúria é levada neste livro a ponto de justificar o massacre de São Bartolomeu. Poderia se pensar que tal obra, repleta de tão terríveis paradoxos, deveria estar nas mãos de

cidadãos católicos sacrificarem os seus cidadãos protestantes a Deus durante dois meses, enterrá-los vivos, pendurar as mães na forca, amarrar filhas no pescoço de suas mães e vê-las expirar juntas; abrir o ventre das mulheres grávidas, tirar dali as crianças semiformadas e dá-las para porcos e cães comerem; colocar um punhal nas mãos de seus prisioneiros garroteados e levar seus braços ao seio de suas esposas, de seus pais, de suas mães, de suas filhas, imaginando fazer mútuos parricidas, e condená-los todos ao inferno ao exterminá-los todos. É o que relata Rapin-Toiras, oficial na Irlanda, quase contemporâneo; isto é o que relatam todos os anais, todas as histórias da Inglaterra, e que sem dúvida jamais será imitado. A filosofia, só a filosofia, essa irmã da religião, desarmou as mãos que a superstição havia ensanguentado por tanto tempo; e o espírito humano, no despertar de sua embriaguez, se espantou com os excessos a que o fanatismo o conduzira.

Nós próprios temos uma província opulenta na França, onde o luteranismo prevalece sobre o catolicismo. A universidade da Alsácia está nas mãos dos luteranos: eles ocupam parte dos encargos municipais; nunca a menor disputa religiosa perturbou o repouso desta província desde que ela passou a pertencer aos nossos reis. Por quê? Porque ninguém é perseguido ali. Não procure perturbar os corações, e todos os corações lhe pertencerão.

Não estou dizendo que todos aqueles que não são da religião do príncipe devam compartilhar os cargos e as honras

---

todos, pelo menos por causa de sua singularidade; no entanto, é pouco conhecida.

daqueles que são da religião dominante. Na Inglaterra, os católicos, vistos como apegados ao pretendente, não conseguem alcançar os cargos; até pagam impostos duplos; mas, fora disso, gozam de todos os direitos dos cidadãos.

Suspeitou-se alguns bispos franceses de pensar que não é bom para sua honra, nem para seu interesse, ter calvinistas em suas dioceses; e que este é o maior obstáculo à tolerância: não posso acreditar nisso. O corpo dos bispos na França é constituído por pessoas de qualidade, que pensam e agem com uma nobreza digna do seu nascimento; são caridosos e generosos, é uma justiça que lhes deve ser feita: devem pensar que certamente os seus diocesanos fugitivos não se converterão em países estrangeiros, e que, voltando aos seus pastores, poderão ser iluminados pelas suas instruções, e tocados pelos seus exemplos; haveria honra em convertê-los: o temporal não perderia; e quanto mais cidadãos houvesse, mais as terras dos prelados renderiam.

Um bispo de Vármia, na Polônia, tinha um anabatista como meeiro e um sociniano como recebedor; propuseram-lhe de expulsar e perseguir um porque não acreditava na consubstancialidade, e o outro porque só batizava seu filho aos 15 anos: respondeu que eles seriam eternamente condenados no outro mundo, mas que neste mundo eles eram muito necessários para ele.

Deixemos a nossa pequena esfera e examinemos o resto do nosso globo. O grande Senhor governa em paz vinte povos de diferentes religiões; duzentos mil gregos vivem em segurança em Constantinopla; o próprio mufti nomeia e apresenta o patriarca grego ao imperador; aceitam ali um patriarca latino.

O sultão nomeia bispos latinos para algumas ilhas da Grécia,[4] e aqui está a fórmula que ele usa: "Eu lhe ordeno que vá residir como bispo na ilha de Quios, segundo seus antigos costumes e suas vãs cerimônias." Esse império está repleto de jacobitas, nestorianos, monotelitas; há coptas, cristãos de São João, judeus, guebros, banianos. Os anais turcos não mencionam qualquer revolta provocada por nenhuma dessas religiões.

Ide para a Índia, para a Pérsia, para a Tartária; vereis a mesma tolerância e a mesma tranquilidade ali. Pedro, o Grande, favoreceu todos os cultos em seu vasto império: o comércio e a agricultura foram beneficiados, e o corpo político nunca sofreu.

O governo da China nunca adotou, há quatro mil anos que é conhecido, a não ser o culto dos noaquitas, a adoração simples de um único deus: porém tolera as superstições de Fo, e uma multidão de bonzos que seria perigosa, se a sabedoria dos tribunais não os tivesse sempre contido.

É verdade que o grande imperador Yongzheng, talvez o mais sábio e magnânimo que a China já tenha tido, expulsou os jesuítas; mas não foi porque fosse intolerante; foi, pelo contrário, porque os jesuítas o eram. Eles próprios relatam nas suas curiosas cartas as palavras que este bom príncipe lhes dissera: "Sei que a vossa religião é intolerante; sei o que fizestes em Manila e no Japão; enganaram meu pai, não espereis me enganar da mesma maneira." Se lermos todos os discursos que ele dignou proferir, encontraremos o mais sábio e o mais clemente dos homens. Poderia ele, de fato, reter os físicos da Europa, que, sob o pretexto de mostrar termômetros e eolípilas na

---

4 Vide Ricaut.

corte, já tinham conduzido à revolta um príncipe de sangue real? E o que este imperador teria dito, se tivesse lido nossas histórias, se soubesse a respeito de nossos tempos da liga e da conspiração das pólvoras?[5]

Bastava-lhe ser informado a respeito das querelas indecentes dos jesuítas, dos dominicanos, dos capuchinhos, dos padres seculares enviados dos confins do mundo aos seus Estados: vinham pregar a verdade e anatematizavam-se uns aos outros. O imperador, portanto, apenas mandou embora os desordeiros estrangeiros: mas com que bondade os mandou de volta? Que cuidado paternal ele não teve para com a viagem deles e para evitar que fossem insultados no caminho? O próprio banimento foi um exemplo de tolerância e humanidade.[6]

Os japoneses eram os mais tolerantes de todos os homens, doze religiões pacíficas estavam estabelecidas em seu império: os jesuítas vieram a constituir a décima terceira; mas, logo, não querendo suportar mais nenhuma, fizeram o que resultou; uma guerra civil, não menos terrível que as da Liga, devastou aquele país. A religião cristã foi finalmente afogada em ondas de sangue. Os japoneses fecharam o seu império ao resto do mundo e nos viam apenas como feras selvagens, semelhantes àquelas das quais os ingleses expurgaram a sua ilha. Foi em vão que o ministro Colbert, sentindo a necessidade que tínhamos dos japoneses, que não têm necessidade alguma de nós, ten-

---

5 Conspiração destinada a assassinar o rei Jaime I da Inglaterra por um grupo de católicos. O plano era fazer explodir a Câmara dos Lordes na abertura do parlamento em 1605. (N. T.)
6 Vide Kempfer e todos os relatos do Japão.

tou estabelecer comércio com o aquele império; encontrou-os inflexíveis.

Assim, todo o nosso continente prova-nos que não devemos anunciar nem exercer intolerância.

Lançai vossos olhares para o outro hemisfério, vide a Carolina, da qual o sábio Locke foi o legislador; bastam sete pais de família para estabelecer um culto público aprovado pela lei. Essa liberdade não fez brotar nenhuma desordem. Deus nos livre de citarmos este exemplo para encorajar cada casa a praticar uma forma particular de culto: relatamos apenas para demostrar que o maior excesso a que a tolerância pode chegar não foi seguido pela menor dissensão. Mas o que é muito útil e muito bom numa colônia nascente não é conveniente num reino antigo.

Mas o que diremos desses pacíficos primitivos, que eram chamados de *quakers* por escárnio, e que, com costumes talvez ridículos, foram tão virtuosos e ensinaram inutilmente a paz ao resto dos homens? Eles estão na Pensilvânia em número de cem mil; a discórdia, a controvérsia, são ignoradas na pátria feliz que construíram para si: e apenas o nome da sua cidade de Filadélfia, que lhes lembra a todo o momento que os homens são irmãos, é o exemplo e a vergonha dos povos que ainda não conhecem a tolerância.

Enfim, essa tolerância nunca provocou uma guerra civil; a intolerância cobriu a terra de carnificina. Que se julgue agora entre essas duas rivais, entre a mãe que quer que o seu filho seja degolado, e a mãe que o cede, desde que ele viva.

Falo aqui apenas do interesse das nações; e respeitando, como devo, a teologia, considero apenas neste artigo o bem físico e moral da sociedade. Suplico a todo leitor imparcial que pese essas verdades, retifique-as e estenda-as. Leitores atentos, que comunicam seus pensamentos entre si, vão sempre mais longe do que o autor.[7]

---

[7] O sr. de la Bourdonnaie, intendente de Rouen, diz que a manufatura de chapéus decaiu em Caudebec & Neufchâtel devido à fuga dos refugiados. O sr. Foucaut, intendente de Caen, diz que o comércio decaiu pela metade na generalidade. O sr. de Maupeou, intendente de Poitiers, diz que a manufatura de tecidos está aniquilada. O sr. de Bezons, intendente de Bordéus, queixa-se de que o comércio de Clérac e Nérac quase não subsiste mais. O sr. de Miroménil, intendente de Touraine, diz que o comércio de Tours diminui em dez milhões por ano; e tudo isso por causa da perseguição. Vide *Os memoriais dos intendentes*, em 1698. Acima de tudo, contai o número de oficiais de terra e mar, e de marinheiros, que foram obrigados a servir contra a França, e muitas vezes com uma vantagem desastrosa: e vide se a intolerância não causou danos à França.

Não temos aqui a temeridade de propor perspectivas a ministros cujo gênio e grandes sentimentos são conhecidos, e cujo coração é tão nobre como o nascimento: eles verão com bastante clareza que o restabelecimento da marinha exige alguma indulgência para os habitantes de nossas costas.

V
Como a tolerância pode ser admitida

Ouso supor que um ministro esclarecido e magnânimo, um prelado humano e sábio, um príncipe que sabe que seu interesse consiste no grande número de seus súditos, e sua glória na felicidade deles, se digne a lançar seus olhos sobre este escrito informe e defeituoso; ele o suplementa com seu próprio conhecimento; diz a si próprio: Que arriscaria eu se visse a terra cultivada e ornada por mais mãos laboriosas, os tributos aumentados, o Estado mais florescente?

A Alemanha seria um deserto coberto com os ossos dos católicos, evangélicos, reformados, anabatistas, um degolado pelo outro, se a Paz de Vestfália[1] não tivesse finalmente proporcionado a liberdade de consciência.

---

1 Os tratados de Vestfália (ou Paz de Vestfália), assinados em 24 de outubro de 1648, concluíram simultaneamente duas séries de conflitos na Europa: a guerra dos Trinta Anos, um grande conflito que envolveu todas as potências do continente no conflito entre o Sacro Império Romano e os seus Estados alemães protestantes em rebelião; a guerra dos Oitenta Anos, opondo as revoltadas Províncias Unidas contra a monarquia espanhola. (N. T.)

Temos judeus em Bordéus, em Metz, na Alsácia; temos luteranos, molinistas, jansenistas; não podemos suportar e incluir os calvinistas quase nos mesmos termos em que os católicos são tolerados em Londres? Quanto mais seitas existirem, menos perigosa será cada uma delas; a multiplicidade as enfraquece; todas são reprimidas por leis justas, que proíbem assembleias tumultuosas, os insultos, as sedições, e que vigoram sempre pela força coativa.

Sabemos que vários chefes de família, que acumularam grandes fortunas em países estrangeiros, estão prontos para regressar às suas pátrias; pedem apenas a proteção da lei natural, a validade de seus casamentos, a certeza da fortuna de seus filhos, o direito de herdar dos seus pais, a liberdade das suas pessoas; não exigem nenhum templo público, nenhum direito a cargos municipais, a dignidades: os católicos não os têm em Londres, nem em vários outros países. Não se trata mais de dar privilégios imensos, encargos de segurança a uma facção; mas de deixar viver um povo pacífico, suavizar éditos, que outrora foram talvez necessários, e que já não o são mais: não nos cabe indicar ao Ministério o que pode fazer; basta implorar-lhe pelos infelizes.

Há tantas maneiras de torná-los úteis e de evitar que sejam perigosos! A prudência do Ministério e do Conselho, apoiada pela força, encontrará muito facilmente esses meios, que tantas outras nações tão felizmente empregam.

Ainda existem fanáticos entre o populacho calvinista; mas é claro que há mais no populacho convulsionário.[2] A escória

---

2 Termo aplicado a partir de 1731 a um movimento político-religioso vinculado ao jansenismo, cujos membros podiam ser tomados por crises convulsivas. (N. T.)

dos loucos de St. Médard[3] não conta em nada na nação, a dos profetas calvinistas foi aniquilada. A grande maneira de reduzir o número de maníacos, se ainda restar algum, é abandonar esta doença do espírito ao regime da razão, que lenta, mas infalivelmente, ilumina os homens. Essa razão é suave, é humana, inspira indulgência, sufoca a discórdia, fortalece a virtude, torna agradável a obediência às leis, ainda mais do que a força as sustenta. E contamos como nada o ridículo vinculado hoje ao entusiasmo por parte de todas as pessoas honestas? Esse ridículo é uma barreira poderosa contra as extravagâncias de todos os sectários. Os tempos passados são como se nunca tivessem existido. Deve-se sempre partir do ponto onde se está e daquele aonde as nações chegaram.

Houve um tempo em que se acreditou ser obrigação criar decretos contra aqueles que ensinavam uma doutrina contrária às categorias de Aristóteles, ao horror do vazio, às quididades e ao universal da parte da coisa. Na Europa, temos mais de cem volumes de jurisprudência sobre a bruxaria e sobre como distinguir os falsos bruxos dos verdadeiros. A excomunhão de gafanhotos e de pragas nocivas às colheitas tem sido muito utilizada e subsiste ainda em vários rituais; o costume passou, deixamos em paz Aristóteles, os bruxos e os gafanhotos. Os exemplos destas graves demências, outrora tão importantes, são inúmeros: outros reaparecem de vez em quando; mas quando produzem seu efeito, quando estamos saciados deles, aniquilam-se por si mesmos. Se alguém hoje decidisse ser carpocratiano, ou eutiquiano, ou monotelita, monofisi-

---

3 O cemitério de Saint Médard, em Paris, tornou-se um lugar de reunião dos convulsionários. (N. T.)

ta, nestoriano, maniqueísta etc., o que aconteceria? Riríamos dele como de um homem vestido à moda antiga, com gola de pregas e gibão.

A nação começava a entreabrir os olhos quando os jesuítas Le Tellier e Doucin fabricaram a bula *Unigenitus*, que enviaram a Roma; acreditavam que ainda estavam naqueles tempos de ignorância, quando os povos adotavam as asserções mais absurdas sem exame. Ousaram proscrever esta proposição, que é de uma verdade universal em todos os casos e em todos os tempos: "O medo de uma excomunhão injusta não deveria impedir o cumprimento do seu dever." Era proscrever a razão, as liberdades da Igreja galicana[4] e o fundamento da moral; era dizer aos homens: Deus vos ordena de nunca cumprir vosso dever, desde que temais a injustiça. Nunca se ofendeu o senso comum de forma mais descarada; os consultores de Roma não se aperceberam. Persuadiu-se a corte de Roma de que esta bula era necessária e que a nação a desejava; foi assinada, lacrada e enviada. Sabe-se as consequências: certamente se as tivessem previsto, teriam atenuado a bula. As querelas foram vivas, a prudência e a bondade do rei finalmente as acalmaram.

O mesmo acontece em grande parte sobre os pontos que dividem os protestantes de nós; há alguns que não têm consequência alguma, há outros mais graves, mas sobre os quais o furor da disputa é tão atenuado que os próprios protestantes hoje não pregam a controvérsia em nenhuma de suas igrejas.

É, portanto, este tempo de nojo, de saciedade, ou melhor, de razão, que podemos aproveitar como época e garantia de

---

4 Significa a Igreja católica na França. Não confundir com o movimento de mesmo nome, criado no final do século XIX. (N. T.)

tranquilidade pública. A controvérsia é uma doença epidêmica que está terminando, e esta praga, da qual estamos curados, requer apenas uma dieta moderada. Por fim, o interesse do Estado é que os filhos expatriados retornem com modéstia à casa do pai; a humanidade o exige, a razão o aconselha e a política não pode se assustar com isso.

VI
Se a intolerância é um direito natural e um direito humano

O direito natural é aquele que a natureza indica a todos os homens. Criastes vosso filho, ele vos deve respeito como a seu pai, gratidão como a seu benfeitor. Tendes direito às produções da terra que cultivastes com vossas mãos; destes e recebestes uma promessa, ela deve ser cumprida.

Em nenhuma circunstância os direitos humanos podem fundamentar-se a não ser neste direito natural; e o grande princípio, o princípio universal de um e de outro, está em toda a terra: "Não faças o que não gostarias que os outros te fizessem." Ora, não vemos como, seguindo este princípio, um homem poderia dizer a outro: "Acredita no que eu acredito, e nisto não podes acreditar, ou perecerás." É o que dizem em Portugal, na Espanha, em Goa. Presentemente, em alguns outros países contentam-se em dizer: "Acredita, ou eu te abomino; acredita, ou te farei todo o mal que puder; monstro, tu não tens minha religião, então não tens religião alguma; é forçoso que sejas uma abominação para teus vizinhos, para tua cidade, para tua província."

Se comportar-se desta forma fosse um direito humano, o japonês deveria, portanto, detestar o chinês, que execraria o siamês; este último perseguiria os gangaridai, que atacariam habitantes do Indo; um mogol arrancaria o coração do primeiro malabar que encontrasse; o malabar poderia degolar o persa, que poderia massacrar o turco; e todos juntos se lançariam sobre os cristãos que, por tanto tempo, se devoraram uns aos outros.

O direito de intolerância é, portanto, absurdo e bárbaro; é o direito dos tigres; e é muito mais horrível: porque os tigres só desventram para comer, e nós nos exterminamos por causa de parágrafos.

VII
Se a intolerância foi conhecida pelos gregos

Os povos, dos quais a história nos deu alguns poucos conhecimentos, consideraram, todos, suas diferentes religiões como laços que os unificavam, em conjunto; era uma associação do gênero humano. Havia uma espécie de direito de hospitalidade tanto entre os deuses quanto entre os homens. Quando um estrangeiro chegava a uma cidade, começava por adorar os deuses do país; nunca se deixava de venerar os próprios deuses de seus inimigos. Os troianos dirigiam orações aos deuses que combatiam pelos gregos.

Alexandre foi consultar, nos desertos da Líbia, o deus Amon, a quem os gregos deram o nome de Zeus, e os latinos de Júpiter, embora ambos tivessem em casa o seu Júpiter e o seu Zeus. Quando se sitiava uma cidade, praticavam-se sacrifícios e orações aos deuses da cidade, para torná-los favoráveis. Assim, no próprio meio da guerra, a religião unia os homens, e às vezes amenizava a fúria deles, se, por acaso, ela lhes comandasse que cometessem ações desumanas e horríveis.

Posso me enganar; mas parece-me que, de todos os antigos povos civilizados, nenhum impediu a liberdade de pensar.

Todos tinham uma religião; mas me parece que eles utilizavam-na com os homens como com seus deuses; todos reconheciam um Deus supremo, mas associavam a ele uma quantidade prodigiosa de deidades inferiores; tinham apenas um culto, mas permitiam uma chusma de sistemas particulares.

Os gregos, por exemplo, por mais religiosos que fossem, aceitavam que os epicuristas negassem a Providência e a existência da alma. Não falo das outras seitas que, todas, ofenderam as ideias saudáveis que se deve ter, do Ser criador, e que foram todas toleradas.

Sócrates, que mais se aproximou do conhecimento do Criador, por causa disso, dizem, foi condenado e morreu mártir da divindade; é o único que os gregos tenham condenado à morte por suas opiniões. Se esta foi de fato a causa de sua condenação, não é honroso para a intolerância, pois puniu-se apenas aquele que rendeu glória a Deus, e foram honrados todos aqueles que tinham as noções mais indignas da divindade. Os inimigos da tolerância não devem, na minha opinião, valerem-se do odioso exemplo dos juízes de Sócrates.

É evidente, aliás, que foi vítima de um partido furioso animado contra ele. Ele havia feito dos sofistas, dos oradores, dos poetas, que ensinavam nas escolas, inimigos irreconciliáveis e até mesmo de todos os preceptores que cuidavam de crianças de escol. Ele mesmo admite, em seu discurso relatado por Platão, que foi de casa em casa para provar a esses preceptores que não passavam de ignorantes: essa conduta não era digna daquele que um oráculo havia declarado o mais sábio dos homens. Desencadearam contra ele um sacerdote e um conselheiro dos Quinhentos, que o acusaram; confesso que não sei precisamente do quê, só vejo vagueza em sua apologia; em geral, diziam que inspirava aos jovens máximas contra a religião e o governo. É desse jeito que os caluniadores de todo o mundo procedem todos os dias: mas num tribunal são necessários fatos comprovados, acusações precisas e circunstanciadas; é o que o processo de Sócrates não nos fornece em absoluto: sabemos apenas que ele teve, de início, duzentos e vinte votos a seu favor. O tribunal dos Quinhentos possuía, portanto, duzentos e vinte filósofos: é muito; duvido que sejam encontrados tantos em outro lugar. Enfim, a maioria foi para a cicuta, mas também, lembremo-nos, que os atenienses, voltando a si, ficaram horrorizados com os acusadores e os juízes; que Melito, principal autor dessa sentença, foi condenado à morte por essa injustiça; que os outros foram banidos, e que elevaram um templo a Sócrates. Nunca a filosofia foi tão bem vingada, nem tão honrada. O exemplo de Sócrates é, no fundo, o argumento mais terrível que pode ser apresentado contra a intolerância. Os atenienses tinham um altar dedicado aos deuses estrangeiros, aos deuses que não podiam conhecer. Existe alguma prova mais forte, não apenas de indulgência para com todas as nações, mas também de respeito por seus cultos?

Um homem honesto que não é inimigo nem da razão, nem da literatura, nem da probidade, nem da pátria, justificando recentemente o massacre de São Bartolomeu, cita a guerra dos fócios denominando-a *guerra sagrada*, como se essa guerra tivesse sido inflamada em prol do culto, do dogma ou de argumentos de teologia; a questão era saber a quem pertencia um campo: esse é o tema de todas as guerras. Feixes de trigo não constituem um símbolo de crença; nenhuma cidade grega jamais combateu por opiniões. Aliás, o que pretende esse homem modesto e amável? Quer que travemos uma guerra sagrada?

VIII
Se os romanos foram tolerantes

Entre os antigos romanos, desde Rômulo até os tempos em que os cristãos lutaram com os sacerdotes do Império, não se vê um único homem perseguido por suas convicções. Cícero duvidava de tudo; Lucrécio negou tudo; e não lhes fizeram a mais leve censura por isso: a própria licença foi tão longe que Plínio, o naturalista, começa seu livro negando um Deus e dizendo que, se existe um, é o Sol. Cícero diz, falando dos infernos: "*Non est anus tam excors quæ credat*; Não há nem mesmo uma velha imbecil o suficiente para acreditar neles." Juvenal disse: "*Nec pueri credunt*; As crianças não acreditam em nada disso." Cantavam no teatro de Roma:

> *Postmortem nihil est, ipsaque mors nihil*; Nada existe depois da morte, a própria morte não é nada. (Sêneca, *As troianas*, coro no fim do segundo ato.)

Abominemos estas máximas e, quando muito, perdoemos a um povo que os Evangelhos não iluminavam; elas são falsas, ímpias; mas concluamos que os romanos eram muito tolerantes, já que elas nunca excitaram o menor murmúrio.

O grande princípio do Senado e do povo romano era: "*Deorum offensæ diis curæ*; Cabe somente aos deuses cuidarem das ofensas feitas contra os deuses." Este povo rei só pensava em conquistar, governar e policiar o universo. Foram nossos legisladores, assim como nossos vencedores; e nunca César, que nos deu prisões, leis e jogos, quis forçar-nos a deixar os nossos druidas por ele, por mais que fosse grande pontífice de uma nação nossa soberana.

Os romanos não professavam todos os cultos, não davam sanção pública a todos, mas permitiam todos eles. Não tiveram nenhum objeto material de adoração no tempo de Numa, nem simulacros, nem estátuas; logo elevaram aos deuses *majorum gentium*,[1] que os gregos lhes deram a conhecer. A lei das Doze Tábuas, *Deos peregrinos ne colunto*,[2] reduziu-se a conceder o culto público apenas às divindades superiores ou inferiores aprovadas pelo Senado. Ísis teve um templo em Roma, até a época em que Tibério o demoliu, quando os sacerdotes desse templo, corrompidos pelo dinheiro de Mundus,[3] o fizeram dormir no templo sob o nome do deus Anúbis, com uma mulher chamada Paulina. É verdade que Josefo é o único que conta esta história; ele não

---

1 Deuses superiores, a quem o povo prestava o grau mais elevado de adoração. (N. T.)
2 "Que os deuses estrangeiros não sejam adorados." Essa frase faz parte de uma passagem que descreve a lei das Doze Tábuas, que restringia o culto público apenas às divindades superiores ou inferiores aprovadas pelo Senado. (N. T.)
3 Decius Mundus, aristocrata romano, teria corrompido os sacerdotes de Ísis para aparecer com a máscara de Anúbis, diante de uma romana chamada Paulina, convencida de que o próprio deus queria passar uma noite com ela. (N. T.)

era contemporâneo, era crédulo e exagerador. Há pouca verossimilhança de que, numa época tão esclarecida como a de Tibério, uma dama de primeira condição teria sido suficientemente imbecil para acreditar que tinha os favores do deus Anúbis.

Mas que esta anedota seja verdadeira ou falsa, permanece certo de que a superstição egípcia havia erigido um templo em Roma com consentimento público. Os judeus negociavam ali desde a época da guerra púnica; tinham ali sinagogas desde o tempo de Augusto, e as conservaram quase sempre, assim como na Roma moderna. Haverá exemplo maior de que a tolerância era considerada pelos romanos como a lei mais sagrada do direito das pessoas?

Dizem-nos que assim que os cristãos surgiram, foram perseguidos por esses mesmos romanos que não perseguiam ninguém. Parece-me evidente que este fato é muito falso; basta-me como prova o próprio São Paulo. Os *Atos dos apóstolos* nos ensinam que,[4] sabendo que São Paulo estava sendo acusado pelos judeus de querer destruir a lei mosaica através de Jesus Cristo, São Tiago sugeriu a São Paulo que raspasse a cabeça e fosse se purificar no templo com quatro judeus, "a fim de que todo mundo saiba que tudo o que se diz sobre vós é falso, e que continuais a observar a lei de Moisés."

Paulo, cristão, foi, portanto, cumprir todas as cerimônias judaicas durante sete dias; mas os sete dias ainda não haviam passado quando os judeus da Ásia o reconheceram; e vendo que ele havia entrado no templo, não só com judeus, mas com gentios, clamaram contra a profanação: prenderam-no, levaram-no perante o governador Félix, e depois dirigiram-se ao tribunal

---

[4] Capítulos 21 e 24.

de Festo. Os judeus, em multidão, exigiram sua morte; Festo respondeu-lhes: "Não é costume dos romanos condenar um homem antes que o acusado tenha seus acusadores diante dele e que lhe tenha sido dada a liberdade de se defender."[5]

Estas palavras são ainda mais notáveis nesse magistrado romano, que parece não ter tido consideração alguma por São Paulo, de só ter sentido desprezo por ele; enganado pelas falsas luzes de sua razão, tomou-o por louco; ele mesmo lhe disse que estava demente: *Multæ te litteræ ad insaniam convertunt.*[6] Festo, portanto, apenas deu ouvidos à equidade do direito romano, oferecendo sua proteção a um desconhecido que ele não podia estimar.

Eis que o próprio Espírito Santo declara que os romanos não eram perseguidores e que eles eram justos. Não foram os romanos que se levantaram contra São Paulo, foram os judeus. São Tiago, irmão de Jesus, foi apedrejado por ordem de um judeu saduceu, e não de um romano: apenas os judeus apedrejaram Santo Estêvão;[7] e quando São Paulo vestia os mantos dos algozes,[8] ele certamente não agia como um cidadão romano.

Os primeiros cristãos, sem dúvida, não tiveram apuros com os romanos; seus únicos inimigos eram os judeus, dos quais

---

5 *Atos dos apóstolos*, cap.25, v.16.
6 [Suas muitas letras o levaram à loucura.] *Atos dos apóstolos*, cap.26, v.24.
7 Embora os judeus não tivessem o direito do gládio desde que Arquelau havia sido relegado entre os alóbroges e a Judeia passou a ser governada como uma província do Império, os romanos muitas vezes fechavam os olhos quando os judeus exerciam o julgamento do zelo, isto é, quando, num motim repentino, apedrejavam por zelo aquele que acreditavam ter blasfemado.
8 São Paulo tinha a cidadania romana. (N. T.)

estavam começando a se separar. Sabe-se que ódio implacável todos os sectários dirigem àqueles que abandonam a sua seita. Sem dúvida houve tumulto nas sinagogas de Roma. Suetônio diz, na *Vida de Cláudio* (cap.25): *Judæos, impulsore Christo assidue tumultuantes Roma expulit.*[9] Ele se enganava ao dizer que foi por instigação de Cristo: ele não podia ser informado dos detalhes de um povo tão desprezado em Roma como era o povo judeu, mas ele não estava errado sobre a ocasião dessas brigas. Suetônio escrevia sob Adriano, no segundo século; os cristãos não se distinguiam dos judeus aos olhos dos romanos. A passagem de Suetônio mostra que os romanos, longe de oprimirem os primeiros cristãos, reprimiam, na época, os judeus que os perseguiam. Queriam que a sinagoga de Roma tivesse para com os seus irmãos separados a mesma indulgência que o Senado tinha para com ela; e os judeus expulsos voltaram logo depois; alcançaram até honras apesar das leis que os excluíam: Dião Cássio e Ulpiano nos ensinam isso.[10] Seria possível que depois da ruína de Jerusalém os imperadores tivessem prodigalizado dignidades aos judeus, e que tenham perseguido, entregue aos carrascos e aos animais, os cristãos, que eram considerados uma seita de judeus?

Nero, dizem, os perseguiu. Tácito nos conta que eles foram acusados do incêndio de Roma e que foram abandonados à fúria do povo. Tal acusação foi causada pela crença deles? Não, sem dúvida. Diríamos que os chineses, que os holandeses dego-

---

9 Roma expulsou os judeus, constantemente agitados por instigação de Cristo. (N. T.)
10 Ulpiano, *Digest.*, livro I, tit. II: *Eis qui judaicam superstitionem sequuntur honores adipisci permiserunt etc.* [Aqueles que seguem a superstição judaica foram autorizados a obter honras etc.]

laram há alguns anos, nos subúrbios da Batávia, foram imolados à religião? Por mais que se queira estar errado, é impossível atribuir à intolerância o desastre que aconteceu sob Nero a alguns infelizes meio-judeus e meio-cristãos.[11]

---

11 Tácito diz (*Anais*, XV, 44): *Quos per flagitia invisos vulgus christianos appellabat*. [A quem o vulgo chamava de cristãos por causa de suas más ações.]
É muito difícil que o nome de cristão já fosse conhecido em Roma; Tácito escrevia sob Vespasiano e sob Domiciano; ele falava dos cristãos como se falava deles em sua época. Atrevo-me a dizer que estas palavras, *odio humani generis convicti*, poderiam muito bem significar, no estilo de Tácito, *convencidos de serem odiados pelo gênero humano*, tanto quanto *convencidos de odiar o gênero humano*.
Com efeito, o que faziam estes primeiros missionários em Roma? Tentavam ganhar algumas almas; ensinavam a mais pura moralidade; não se levantavam contra nenhum poder; a humildade de seus corações era extrema, assim como a do seu estado e da sua situação; eram mal conhecidos, mal haviam se separado dos outros judeus: como poderia odiá-los o gênero humano, que os ignorava? E como eles poderiam ser convencidos a detestar o gênero humano?
Quando Londres queimou, acusaram os católicos; mas isso foi depois das guerras de religião, foi depois da conspiração da pólvora, da qual vários católicos, indignos de o serem, foram convencidos. Os primeiros cristãos da época de Nero certamente não estavam nos mesmos termos. É muito difícil penetrar nas trevas da história; Tácito não fornece nenhuma razão para a suspeita de que o próprio Nero queria reduzir Roma a cinzas; seríamos muito mais bem fundamentados em suspeitar que Carlos II tenha querido incendiar Londres: o sangue do rei seu pai, executado num cadafalso diante dos olhos do povo que exigia a sua morte, poderia pelo menos servir de desculpa para Carlos II. Mas Nero não tinha desculpa, nem pretexto, nem interesse. Esses rumores insensatos podem ser a obra do povo de qualquer país; temos ouvido coisas assim tão loucas e injustas em nossos dias.

Tácito, que conhece tão bem a natureza dos príncipes, deve ter conhecido também a do povo, sempre iludido, sempre excessivo nas suas opiniões violentas e passageiras, incapaz de ver o que quer que seja, e capaz de tudo dizer, de tudo acreditar, e de tudo esquecer. Fílon (*De Virtutibus, et Legatione ad Caium*) diz que "Sejano os perseguiu sob Tibério; mas, após a morte de Sejano, o imperador os restaurou em todos os seus direitos". Tinham os de cidadãos romanos, mesmo que fossem desprezados pelos cidadãos romanos; tinham parte nas distribuições de trigo, e mesmo, quando a distribuição ocorria num dia de Shabat, adiavam para outro dia: era provavelmente em consideração às somas de dinheiro que eles haviam dado ao Estado; pois em todos os países compraram a tolerância e foram rapidamente compensados pelo que lhes tinha custado.

Esta passagem de Fílon explica perfeitamente a de Tácito, que diz que enviaram quatro mil judeus ou egípcios para a Sardenha, e que se o mau tempo os tivesse feito perecer, teria sido uma perda leve, *vile damnum* (*Anais*, II, 85).

Acrescentarei esta observação: Fílon considera Tibério um príncipe sábio e justo. Creio que ele só era justo enquanto essa justiça estivesse de acordo com os seus interesses; mas o bem que Fílon diz sobre ele me faz duvidar um pouco dos horrores que Tácito e Suetônio o acusam. Não me parece provável que um velho enfermo de 70 anos se retirasse para a ilha de Caprea [Capri] para se entregar a libertinagens rebuscadas, que pouco estão na natureza, e que eram desconhecidas até mesmo pela juventude mais desenfreada de Roma: nem Tácito nem Suetônio haviam conhecido esse imperador; eles recolhiam com prazer os boatos populares; Otaviano, Tibério e seus sucessores foram odiosos, porque reinaram sobre um povo que deveria ser livre: os historiadores gostavam de difamá-los, e esses historiadores foram acreditados sem questionamento, porque então faltavam memoriais, jornais da época, documentos: por isso os historiadores não citam ninguém; não era possível lhes contradizer; eles difamavam quem queriam e decidiam a seu gosto o julgamento da posteridade. Cabe ao leitor sábio ver até que ponto devemos desconfiar da veracidade dos historiadores, que crédito devemos atribuir a fatos públicos atestados por autores graves, nascidos numa nação esclarecida; e que limites devem ser postos à sua credulidade sobre anedotas que esses mesmos autores relatam sem qualquer prova.

IX
Sobre os mártires

Depois, na sequência, houve mártires cristãos: é muito difícil saber precisamente por que razões esses mártires foram condenados; mas ouso acreditar que ninguém o foi sob os primeiros césares unicamente por causa de sua religião; toleravam-nas todas; como poderiam ter procurado e perseguido homens obscuros, que tinham um culto particular, no tempo em que se permitiam todos os outros?

Os Titos, os Trajanos, os Antoninos, os Décios não eram bárbaros: pode-se imaginar que teriam privado unicamente os cristãos de uma liberdade desfrutada por toda a terra? Teriam sequer ousado acusá-los de terem mistérios secretos, enquanto os mistérios de Ísis, os de Mitra, os da deusa da Síria, todos estranhos ao culto romano, eram permitidos sem contradição? É necessário que a perseguição tivesse outras causas, e que ódios particulares, apoiados em razões de Estado, tenham derramado o sangue dos cristãos.

Por exemplo, quando São Lourenço recusa ao prefeito de Roma, Cornelius Secularis, o dinheiro de cristãos sob seus cuidados, é natural que o prefeito e o imperador ficassem irritados; sem saber que São Lourenço havia distribuído esse dinheiro aos pobres, e que ele havia feito uma obra caridosa e santa, consideraram-no um refratário e o fizeram perecer.[1]

Consideremos o martírio de São Polieucto. Condenaram-no por sua religião, apenas? Ele vai ao templo, onde se prestam ações de graça aos deuses pela vitória do imperador Décio; ele insulta ali os sacrificadores, derruba e quebra altares e estátuas: qual é o país do mundo onde se perdoaria tal atentado? O cristão, que rasgou publicamente o édito do imperador Diocleciano e atraiu a grande perseguição sobre seus irmãos nos dois últimos anos do reinado desse príncipe, não possuía zelo conforme a razão; e foi muito infeliz por ser a causa do desastre de seu partido. Este zelo imprudente que irrompeu muitas vezes e que foi até condenado por vários padres da Igreja, originou provavelmente todas as perseguições.

Certamente não estou comparando os primeiros sacramentários com os primeiros cristãos; não ponho o erro ao lado da

---

[1] Certamente respeitamos tudo o que a Igreja torna respeitável; invocamos os santos mártires; mas reverenciando São Lourenço, não é permitido duvidar que São Sisto lhe tenha dito: *Vós me seguireis dentro três dias*; que neste curto intervalo o prefeito de Roma lhe tenha feito pedir o dinheiro dos cristãos; que o diácono Lourenço tenha tido tempo de reunir todos os pobres da cidade, que tenha caminhado à frente do prefeito para levá-lo ao lugar onde estavam esses pobres, que lhe fizeram seu processo, que tenha sido submetido ao interrogatório, que o prefeito tenha encomendado a um ferreiro uma grelha bastante grande para assar um homem, que o próprio primeiro magistrado de Roma tenha assistido ele próprio a esse estranho suplício; que São Lourenço nessa grelha tenha dito: "Já estou bem assado de um lado, vira-me do outro, se quiseres me comer?" Esta grelha dificilmente pertence ao gênio dos romanos; e como é possível que nenhum autor pagão tenha mencionado qualquer uma dessas aventuras?

verdade: mas Farel, antecessor de João Calvino, fez em Arles a mesma coisa que São Polieucto havia feito na Armênia. Carregava-se pelas ruas a estátua de Santo Antônio eremita em procissão; com alguns de seus companheiros Farel topa com os monges que carregavam Santo Antônio, bate neles, dispersa-os e joga Santo Antônio no rio. Ele merecia a morte que não recebeu, porque teve tempo de fugir. Se tivesse se contentado em gritar para esses monges que não acreditava que um corvo trouxera a metade de um pão para Santo Antônio, o eremita, nem que Santo Antônio tivesse conversado com centauros e sátiros, teria merecido uma forte reprimenda, por perturbar a ordem; mas se, à noite, depois da procissão, tivesse examinado pacificamente a história do corvo, dos centauros e dos sátiros, ninguém teria nada com que censurá-lo.

O quê! Os romanos teriam permitido que o infame Antínoo fosse colocado na categoria dos segundos deuses, e teriam dilacerado, entregue às feras todos aqueles que eram apenas censurados por terem adorado pacificamente um justo! O quê! Eles teriam reconhecido um deus supremo,[2] um deus soberano, mestre de todos os deuses secundários, atestado por esta fór-

---

2 Basta abrir Virgílio para ver que os romanos reconheciam um Deus supremo, soberano de todos os seres celestes.

O! quis res hominumque deumque
Æternis regis imperiis, et fulmine terres,
(Aen., I, 233-34.)

O pater, o hominum divumque æterna potestas etc.
(Aen., X, 18.)

[Oh! Tu que governas as coisas dos homens e dos deuses
Com teus eternos impérios e trovões,
Ó pai, ó poder eterno dos homens e dos deuses etc.]

mula, *Deus optimus maximus*,³ e eles teriam perseguido aqueles que adoravam um deus único!

Não é crível que jamais tenha havido uma Inquisição contra os cristãos sob os imperadores, ou seja, que se tenha ido em suas casas para interrogá-los sobre as suas crenças. Nunca foram perturbados por essa questão nem judeu, nem sírio, nem egípcio, nem bardos, nem druidas, nem filósofos. Os mártires foram, portanto, aqueles que se levantaram contra os falsos deuses. Era uma coisa muito sábia, muito piedosa não acredi-

---

Horácio se expressa com muito mais força:
Unde nil majus generatur ipso,
Nec viget quidquam simile, aut secundum.
(Livro I, od. XII, 17-18.)

[De onde nada maior é gerado por si mesmo,
Nem algo semelhante ou igual floresce.]

Nos mistérios em que foram iniciados quase todos os romanos só se cantava a unidade de Deus. Vede o lindo hino de Orfeu; lede a carta de Máximo de Madaura a Santo Agostinho, na qual diz que "só os imbecis podem deixar de reconhecer um Deus soberano". Longino, sendo pagão, escreve ao mesmo Santo Agostinho, que Deus "é único, incompreensível, inefável". O próprio Lactâncio, que não pode ser acusado de ser demasiado leniente, confessa, no seu livro V (*Divin. Institut.*, cap.3), que os romanos submetem todos os deuses ao Deus supremo: "*illos subjecit et mancipat Deo*; eles estão submetidos e entregues a Deus." O próprio Tertuliano, em sua *Apologética* (cap.24), admite que todo o império reconheceu um deus mestre do mundo, cujo poder e majestade são infinitos. *Principem mundi perfectæ potentiæ & majestatis* [*Príncipe do mundo de perfeita potência e majestade*]. Abri, sobretudo, o Platão, mestre de Cícero em filosofia, e vereis que "só existe um deus, que devemos adorá-lo, amá-lo, trabalhar para nos assemelharmos a ele pela santidade e da justiça". Epicteto acorrentado, Marco Antonino no trono, dizem a mesma coisa em centenas de lugares.

3 Deus, o melhor e o maior. (N. T.)

tar neles; mas, enfim, se, não contentes em adorar um deus em espírito e em verdade, eles irromperam violentamente contra o culto oficial, por mais absurdo que fosse; somos obrigados a admitir que eles próprios eram intolerantes.

Tertuliano, em sua *Apologética* (cap.39), admite que os cristãos eram considerados jocosos; a acusação era injusta, mas ela provava que não era apenas a religião dos cristãos que despertava o zelo dos magistrados. Ele admite (cap.35) que os cristãos recusavam a adornar as suas portas com ramos de louro nas festividades públicas pelas vitórias dos imperadores: poder-se-ia facilmente tomar esta repreensível afetação como um crime de lesa-majestade.

A primeira severidade jurídica exercida contra os cristãos foi a de Domiciano; mas ela se limitou a um exílio que não durou um ano: *"Facile cœptum repressit restitutis quos ipse relegaverat"*,[4] diz Tertuliano (cap.5). Lactâncio, cujo estilo é tão arrebatado, concorda que de Domiciano a Décio a Igreja era tranquila e próspera (cap.3). Esta longa paz, diz ele, foi interrompida quando Décio, aquele animal execrável, oprimiu a Igreja: *"Existit enim post annos plurimos exsecrabile animal Decius, qui vexaret Ecclesiam"*[5] (*Apologética*, cap.4).

Não se quer discutir aqui o sentimento do estudioso Dodwel, sobre o pequeno número de mártires; mas se os romanos perseguiram tanto a religião cristã, se o Senado tivesse condenado à morte tantos inocentes por meio de suplícios inusita-

---

4 Facilmente ele interrompeu o que havia começado, restaurando aqueles que ele próprio havia exilado. (N. T.)

5 Após muitos anos, surgiu o execrável Decius, que afligiu a igreja. (N. T.)

dos, se mergulharam os cristãos em óleo fervente, se tivessem exposto moças completamente nuas às feras no circo, como poderiam ter deixado em paz todos os primeiros bispos de Roma? Santo Irineu enumera, como mártir, entre esses bispos, apenas Telésforo, no ano 139 da Era Cristã; e não temos prova alguma de que este Telésforo tenha sido condenado à morte. Zefirino governou o rebanho de Roma durante dezoito anos, e morreu pacificamente no ano 219. É verdade que os antigos martirológios colocam na lista quase todos os primeiros papas; mas, então, a palavra *mártir* só era tomada de acordo com o seu verdadeiro significado: *martírio* queria dizer *testemunho*, e não *suplício*.

É difícil conciliar esta fúria da perseguição com a liberdade que os cristãos tiveram de reunir cinquenta e seis concílios, que os escritores eclesiásticos contam nos primeiros três séculos.

Houve perseguições; mas se tivessem sido tão violentas como se diz, é provável que Tertuliano, que escreveu com tanta força contra o culto recebido, não tivesse morrido em sua cama. Sabemos bem que os imperadores não leram a sua *Apologética*; que um édito obscuro, composto na África, não chega àqueles que são encarregados de governar o mundo: mas devia ser conhecido daqueles que se aproximavam do procônsul da África; deve ter atraído muito ódio ao autor; no entanto, ele não sofreu o martírio de modo algum.

Orígenes ensinou publicamente em Alexandria e não foi condenado à morte. Este mesmo Orígenes, que falou com tanta liberdade aos pagãos e aos cristãos, que anunciava Jesus a uns, que negava um deus em três pessoas a outros, confessa expressamente em seu terceiro livro contra Celso, que "houve muito poucos mártires, e ainda longe em longe; no entanto," diz ele, "os cristãos não negligenciam nada para fazer com que sua religião seja abraçada por todo mundo; eles correm nas cidades, nos burgos, nas aldeias".

É certo que estas contínuas corridas poderiam facilmente ser acusadas de sedição pelos sacerdotes inimigos, e ainda assim estas missões foram toleradas apesar do povo egípcio, sempre turbulento, sedicioso e covarde; povo que esquartejou um romano por ter matado um gato; povo desprezível em todas as épocas, digam o que disserem os admiradores das pirâmides.[6]

---

6 Esta asserção deve ser provada. É preciso admitir que desde que a história sucedeu à fábula, só se vê nos egípcios um povo tão covarde quanto supersticioso. Cambises toma o Egito com uma única batalha: Alexandre dita leis ali sem enfrentar um único combate, sem que nenhuma cidade ouse se preparar para cerco: os Ptolomeus o tomam sem desferir um golpe; César e Augusto a subjugam com a mesma facilidade. Omar conquista todo o Egito numa única campanha; os mamelucos, povos da Cólquida e arredores do monte Cáucaso, são os mestres depois de Omar; são eles, e não os egípcios, que derrotam o exército de São Luís, e que fazem o rei prisioneiro. Enfim, tendo os mamelucos se tornado egípcios, isto é, moles, covardes, desatentos, inconstantes, como os habitantes naturais desse clima, em três meses passaram sob o jugo de Selim I, que mandou enforcar o sultão deles, e que deixa essa província anexada ao império dos turcos, até que outros bárbaros a tomem um dia.
Heródoto relata que, em tempos fabulosos, um rei egípcio, chamado Sesóstris, deixou seu país com o desígnio formal de conquistar o universo: é claro que tal desígnio só é digno de Picrócolo ou de Dom Quixote; e sem contar que o nome de Sesóstris não é egípcio, podemos colocar este acontecimento, bem como todos os fatos anteriores, na categoria das *Mil e uma noites*. Nada é mais comum entre os povos conquistados do que contar fábulas sobre a sua antiga grandeza, tal como, em certos países, certas famílias miseráveis

Voltaire

Quem mais deveria ter despertado contra si os sacerdotes e o governo do que São Gregório Taumaturgo, discípulo de Orígenes? Gregório tinha visto durante a noite um ancião enviado

---

afirmam ser descendentes de antigos soberanos. Os sacerdotes do Egito contaram a Heródoto que este rei, a quem chama de Sesóstris, tinha ido subjugar a Cólquida; é como se disséssemos que um rei de França deixou a Touraine para ir subjugar a Noruega.

Por mais que repitamos todos esses contos em mil e mil volumes, nem por isso são mais verossímeis; é muito mais natural que os habitantes robustos e ferozes do Cáucaso, os colquídios como os citas, que tantas vezes vieram devastar a Ásia, penetrassem até o Egito: e se os sacerdotes de Colcos trouxeram então para eles a moda da circuncisão, não é uma prova de que foram subjugados pelos egípcios. Diodoro da Sicília relata que todos os reis derrotados por Sesóstris vinham todos os anos das profundezas de seus reinos para trazer-lhe seus tributos, e que Sesóstris os usava como cavalos de carruagem, que os atrelava ao seu carro para ir ao templo. Essas histórias de Gargântua são copiadas fielmente todos os dias. Certamente estes reis foram muito generosos por vir de tão longe para servirem assim de cavalos.

Quanto às pirâmides, e outras antiguidades, só provam o orgulho e o mau gosto dos príncipes do Egito, e a escravidão de um povo imbecil, empregando seus braços, que eram o seu único bem, para satisfazer a ostentação grosseira dos seus mestres. O governo deste povo, nos próprios tempos que se louva tanto, parece absurdo e tirânico: afirma-se que todas as terras pertenciam aos seus monarcas. Cabia mesmo a tais escravos conquistarem o mundo!

Essa profunda ciência dos sacerdotes egípcios é ainda um dos maiores ridículos da história antiga, isto é, da fábula. Gente que pretendia que no decurso de onze mil anos o Sol nascera duas vezes no poente e se pusera duas vezes no levante, recomeçando o seu curso, estavam sem dúvida bem abaixo do autor do *Almanaque de Liège*. A religião destes sacerdotes que governavam o Estado não era comparável à dos povos mais selvagens da América: sabe-se que adoravam crocodilos, macacos, gatos, cebolas; e talvez só haja hoje em toda a terra apenas o culto do grande Lama que seja tão absurdo.

por Deus, acompanhado de uma mulher resplandecente de luz: essa mulher era a Santa Virgem, e esse ancião era São João Evangelista. São João ditou-lhe um símbolo,[7] que São Gregório foi pregar. A caminho de Neocesareia, passou perto de um templo onde se pronunciavam oráculos e onde a chuva o obrigou a pernoitar; ele fez vários sinais da cruz ali. No dia seguinte, o grande sacrificador do templo ficou surpreso ao ver que os demônios que antes lhe respondiam não queriam mais pronunciar oráculos: ele os chamou; os diabos vieram dizer-lhe que não viriam mais; disseram-lhe que não podiam mais habitar aquele templo, porque Gregório havia passado a noite ali e ali fizera os sinais da cruz.

O sacrificador convocou Gregório, que respondeu: "Posso expulsar demônios de onde eu quiser e fazê-los entrar onde eu quiser." "Faça-os então entrar no meu templo", disse o sacrificador. Então, Gregório rasgou um pequeno pedaço de um

---

    Suas artes valem pouco mais do que sua religião; não há uma única estátua egípcia antiga que seja suportável, e tudo o que eles tiveram de bom foi feito em Alexandria sob os Ptolomeus e sob os Césares, por artistas da Grécia: eles precisaram de um grego para aprender geometria.

    O ilustre Bossuet se extasia com o mérito egípcio, em seu *Discurso sobre a história universal*, dirigido ao filho de Luís XIV. Pode deslumbrar um jovem príncipe, mas contenta bem pouco os estudiosos; é uma declamação muito eloquente, mas um historiador deve ser mais filósofo do que orador. De resto, essa reflexão sobre os egípcios é dada apenas como uma conjectura: que outro nome podemos dar a tudo o que se diz sobre a Antiguidade?

7 Símbolo aqui tem o sentido de fórmulas aceitas e que são repetidas como orações; o mais conhecido é o *Símbolo dos apóstolos*, ou *Credo*. (N. T.)

volume que tinha na mão e escreveu nele estas palavras: "Gregório, para Satã; ordeno-te que voltes a este templo." Puseram esse bilhete no altar; os demônios obedeceram e manifestaram seus oráculos naquele dia, como sempre; após o que, cessaram, como se sabe.

É São Gregório de Nissa quem relata estes fatos na vida de São Gregório Taumaturgo. Os sacerdotes dos ídolos deviam, sem dúvida, terem-se erguido contra Gregório e, na sua cegueira, o submeteram ao magistrado; no entanto, o maior inimigo deles não sofreu perseguição alguma.

É dito na história de São Cipriano que ele foi o primeiro bispo de Cartago condenado à morte. O martírio de São Cipriano é do ano 258 da nossa Era; portanto, durante muito tempo, nenhum bispo de Cartago foi imolado por causa de sua religião. A história não nos conta que calúnias foram levantadas contra São Cipriano, que inimigos ele tinha, por que o procônsul da África estava irritado com ele. São Cipriano escreve a Cornélio, bispo de Roma: "Aconteceu, faz pouco, uma emoção popular em Cartago, e gritaram por duas vezes que eu deveria ser jogado aos leões." É muito verossímil que as explosões do povo feroz de Cartago tenham sido finalmente a causa da morte de Cipriano; e é certo que não foi o imperador Galo quem o condenou de tão longe por sua religião, pois deixava em paz Cornélio que vivia sob seus olhos.

Tantas causas secretas misturam-se muitas vezes com a causa aparente, tantos motivos desconhecidos servem para perseguir um homem, que é impossível deslindar, nos séculos posteriores, a fonte escondida dos infortúnios de homens muito importantes, com mais razão as do suplício de um particular que só poderia ser conhecido pelos membros do seu partido.

Note-se que São Gregório Taumaturgo, e São Denis, bispo de Alexandria, que nunca foram supliciados, viveram no tempo de São Cipriano. Por que, sendo tão conhecidos quanto este bispo de Cartago, permaneceram tranquilos? E por que São Cipriano foi entregue ao suplício? Não há aparência alguma de que um tenha sucumbido diante de inimigos pessoais e poderosos, sob a calúnia, sob o pretexto da razão de Estado, que tantas vezes se liga à religião, e que os outros tiveram a sorte de escapar da maldade dos homens?

Não é muito plausível que a única acusação de cristianismo tenha feito perecer Santo Inácio, sob o clemente e justo Trajano, uma vez que os cristãos foram autorizados a acompanhá-lo e consolá-lo quando foi conduzido a Roma.[8] Muitas vezes

---

8 Não colocamos em dúvida a morte de Santo Inácio; mas que se leia o relato do seu martírio, um homem de bom senso não sentiria algumas dúvidas surgindo em sua mente? O autor desconhecido desse relatório diz que "Trajano acreditava que faltaria algo à sua glória se não submetesse o Deus dos cristãos ao seu império". Que ideia! Trajano era um homem que queria triunfar sobre os deuses? Quando Inácio apareceu diante do imperador, este príncipe lhe disse: "Quem és tu, espírito impuro?" Não é muito verossímil que um imperador tenha falado com um prisioneiro e o tenha condenado ele próprio; não é assim que os soberanos costumam fazer. Se Trajano chamou Inácio perante a si, não lhe perguntou: *Quem és tu?* Ele sabia perfeitamente isso. Poderia esta expressão, *espírito impuro*, ter sido pronunciada por um homem como Trajano? Não se percebe que esta é uma expressão de um exorcista, que um cristão está pondo na boca de um imperador? Seria este, meu Deus! O estilo de Trajano? Podemos imaginar que Inácio tenha respondido que seu nome era Teóforo, porque carregava Jesus no coração, e que Trajano tivesse dissertado com ele sobre Jesus Cristo? Fazem Trajano dizer, no final da conversa: "Ordenamos que Inácio, que se glorifica de carregar

houve sedições em Antióquia, uma cidade sempre turbulenta, onde Inácio era bispo secreto dos cristãos: talvez essas sedições, malignamente imputadas aos cristãos inocentes, tenham chamado a atenção do governo, que foi enganado, como acontece com demasiada frequência.

São Simeão, por exemplo, foi acusado diante de Sapor de ser espião dos romanos. A história do seu martírio relata que

---

dentro de si o crucificado, seja acorrentado etc." Um sofista, um inimigo dos cristãos, poderia chamar Jesus Cristo de crucificado; mas é pouco provável que este termo tenha sido usado num julgamento. O suplício da cruz era tão comum entre os romanos que não se podia, no estilo das leis, designar por *crucificado* o objeto do culto dos cristãos, e não é assim que as leis e os imperadores pronunciam os seus julgamentos.

Fazem então Santo Inácio escrever uma longa carta aos cristãos de Roma: "Escrevo-vos, diz ele, embora esteja acorrentado." Certamente, se lhe foi permitido escrever aos cristãos de Roma, esses cristãos não eram procurados; Trajano, portanto, não tinha intenção de submeter o deus dele ao seu império: ou se esses cristãos estivessem sob o flagelo da perseguição, Inácio estaria cometendo uma grande imprudência ao escrever-lhes; seria expô-los, entregá-los; seria tornar-se o delator deles.

Parece que aqueles que redigiram estes atos deveriam ter tido mais consideração pela verossimilhança e propriedade. O martírio de São Policarpo suscita ainda mais dúvidas. É dito que uma voz gritou do alto do céu: *Coragem, Policarpo!*, que os cristãos a ouviram, mas que os outros não ouviram nada. É dito que quando Policarpo foi amarrado à estaca, e a pira estava em chamas, essas chamas se afastaram dele, e formaram um arco sobre sua cabeça; que saiu uma pomba dali; que o santo, respeitado pelo fogo, exalava um odor de aromáticos que perfumava toda a assembleia; mas aquele de quem o fogo não ousava aproximar-se, não resistiu ao fio da espada. Deve-se admitir que devemos perdoar aqueles que encontram nestas histórias mais devoção do que verdade.

o rei Sapor lhe propôs de adorar o Sol: mas sabemos que os persas não prestavam culto ao Sol; eles o viam como emblema do bom princípio, de Oromase, ou Orosmade, do deus criador que eles reconheciam.

Por mais tolerante que se possa ser, não podemos deixar de sentir alguma indignação contra estes declamadores, que acusam Diocleciano de ter perseguido os cristãos desde que subira ao trono: façamos referência a Eusébio de Cesareia, o seu testemunho não pode ser recusado. O favorito, panegirista de Constantino e inimigo violento dos imperadores precedentes, deve ser acreditado quando os justifica. Aqui estão suas palavras:[9] "Por muito tempo, os imperadores deram aos cristãos grandes marcas de benevolência; confiaram-lhes províncias; vários cristãos moravam no palácio; eles até se casaram com cristãs; Diocleciano tomou como esposa Prisca, cuja filha foi esposa de Maximiano Galério etc."

Que se aprenda, portanto, com este testemunho decisivo a não mais caluniar; que se julgue se a perseguição incitada por Galério, depois de dezenove anos de um reinado de clemência e benefícios, não deve ter sua origem em alguma intriga que desconhecemos.

Que se veja o quanto a fábula da legião tebana ou tebaica, inteiramente massacrada pela religião, como dizem, é uma fábula absurda. É ridículo que se tenha feito vir esta legião da Ásia pelo grande São Bernardo;[10] é impossível que a tenham chamado da Ásia para vir e apaziguar uma sedição na Gália, um ano depois de

---

9 *História eclesiástica*, livro VIII.
10 O passo do Grande São Bernardo é uma difícil passagem nos Alpes suíços, que permite acesso à Itália para quem vem do Norte. (N. T.)

esta sedição ter sido reprimida: não é menos impossível que seis mil soldados de infantaria tenham sido degolados, e setecentos cavaleiros, em uma passagem onde duzentos homens poderiam deter um exército inteiro. O relato desta pretensa carnificina começa com uma impostura evidente: "Quando a terra gemia sob a tirania de Diocleciano, o céu se povoava de mártires." Ora, esta aventura, como se disse, ocorreu supostamente em 286, a época em que Diocleciano mais favorecia os cristãos, e em que o Império romano era o mais feliz. Por fim, o que deveria poupar todas essas discussões é que nunca houve uma legião tebana: os romanos eram orgulhosos e sensatos demais para compor uma legião com esses egípcios que só serviam como escravos em Roma, *Vernae Canopi*:[11] é como se eles tivessem uma legião judaica. Temos os nomes das trinta e duas legiões que constituíam as principais forças do Império romano; certamente a legião tebana não se encontra ali. Classifiquemos, portanto, este conto com os versos acrósticos das sibilas que dizem ter predito os milagres de Jesus Cristo, e com muitas produções espúrias semelhantes, que um falso zelo inventou para enganar a credulidade.

---

11 Escravos domésticos vindo de Canopus. Canopus, ou Canopo, era um porto egípcio de exportação. (N. T.)

X
Sobre o perigo das falsas lendas e da perseguição

A mentira foi imposta aos homens por muito tempo; é hora de conhecer as poucas verdades que podem ser desvendadas através dessas nuvens de fábulas que cobrem a história romana, desde Tácito e Suetônio, e que quase sempre envolveram os anais de outras nações antigas.

Como podemos acreditar, por exemplo, que os romanos, esse povo grave e severo, de quem herdamos as nossas leis, condenaram as virgens cristãs, jovens de boa família, à prostituição? É conhecer muito mal a austera dignidade dos nossos legisladores, que puniam tão severamente as fraquezas das vestais. Os *Atos sinceros* de Ruinart[1] relatam essas torpezas; mas devemos acreditar nos *Atos* de Ruinart, como acreditamos nos *Atos dos apóstolos*? Esses *Atos sinceros* dizem, seguindo Bollandus,[2] que havia na cidade de Ancira sete virgens cristãs, cada uma

---
1 Dom Thierry Ruinart, erudito beneditino francês da segunda metade do século XVII. (N. T.)
2 Jean Bolland, em latim Johannes Bollandus, em português João Bolando, jesuíta e teólogo do século XVII. (N. T.)

com cerca de 70 anos; que o governador Teodecto as condenou a passar pelas mãos dos jovens da cidade, mas que, por terem sido poupadas (como era razoável), ele as obrigou a servirem completamente nuas nos mistérios de Diana, os quais, no entanto, sempre eram assistidos por trás de um véu. São Teódoto que, na verdade, era taberneiro, mas nem por isso menos zeloso, rogou ardentemente a Deus para fazer aquelas santas moças morrerem, com medo de que elas sucumbissem à tentação: Deus o atendeu; o governador as fez lançar num lago com uma pedra ao pescoço: imediatamente elas apareceram a Teódoto e imploraram-lhe de não permitir que seus corpos fossem comidos por peixes: foram as próprias palavras delas.

O santo taberneiro e seus companheiros foram durante a noite até a beira do lago, guardados por soldados; uma tocha celeste caminhava sempre diante deles, e quando chegaram ao local em que estavam os guardas, um cavaleiro celeste, todo armado, perseguiu esses guardas, com a lança na mão: São Teódoto retirou do lago os corpos das virgens: ele foi conduzido perante o governador, e o cavaleiro celeste não impediu que lhe decepassem a cabeça. Não cessamos de repetir que veneramos os verdadeiros mártires, mas é difícil acreditar nessa história de Bollandus e Ruinart.

Seria preciso relatar aqui o conto do jovem São Romano? Atiraram-no ao fogo, diz Eusébio, e os judeus que estavam presentes insultaram Jesus Cristo, que deixava queimar seus confessores, depois que Deus tirara Sidrac, Mizac e Abdênago da fornalha ardente. Mal os judeus disseram isso e São Romano emergiu triunfante da fogueira. O imperador ordenou que lhe perdoassem e disse ao juiz que não queria contestar Deus – estranhas palavras para Diocleciano! O juiz, apesar da indulgência do imperador, ordenou que cortassem a língua de São Romano; e embora ele tivesse carrascos, mandou que essa operação fosse feita por um médico. O jovem Romano, que nascera gago, falou com volubilidade assim que lhe cortaram a língua. O médico recebeu uma reprimenda; e para mostrar que a operação fora realizada de acordo com as regras da arte, pegou um transeunte e cortou o mesmo tanto de sua língua que havia cortado a São Romano, o que fez o transeunte morrer na hora: *pois*, acrescenta o autor com erudição, a *anatomia nos ensina que um homem sem língua não pode viver*. Na verdade, se Eusébio escreveu tais disparates, se é não que não foram acrescentados aos seus escritos, com que base podemos confiar em sua história?

Oferecem-nos o martírio de Santa Felicidade e dos seus sete filhos, enviados, diz-se, à morte pelo sábio e piedoso Antonino, sem nomear o autor do relato. É bem provável que algum autor, mais zeloso do que verdadeiro, quisesse imitar a história dos macabeus; é assim que começa o relato: "Santa Felicidade era romana, vivia sob o reinado de Antonino." Fica claro, por estas palavras, que o autor não era contemporâneo de Santa Felicidade; ele diz que o pretor os julgou em seu tribunal no campo de Marte; mas o prefeito de Roma tinha seu tribunal no Capitólio, e não no campo de Marte, que, depois de ter sido utilizado para a realização dos comícios, servia então para as revistas dos soldados, para a corridas, para exercícios militares: isto por si só desacredita a suposição.

Ainda é dito que, após o julgamento, o imperador confiou a diversos juízes a tarefa de executar a sentença; o que é totalmente contrário a todas as formalidades daquela época e de todos os tempos.

Há também um santo Hipólito, que se supõe ter sido arrastado por cavalos, como Hipólito, filho de Teseu. Este suplício nunca foi conhecido pelos antigos romanos; e apenas a semelhança do nome levou à invenção desta fábula.

Observai, ainda, que nos relatos dos mártires, compostos exclusivamente pelos próprios cristãos, quase sempre vemos uma multidão de cristãos entrando livremente na prisão do condenado, acompanhando-o no suplício, recolhendo seu sangue, sepultando seu corpo, fazendo milagres com as relíquias. Se se perseguia apenas a religião, não teriam imolado esses cristãos confessos que assistiam a seus irmãos condenados e que foram acusados de operar encantamentos com restos de corpos martirizados? Não os teriam tratado como nós tratamos os valdenses, os albigenses, os hussitas, as diferentes seitas dos protestantes? Nós os degolamos, queimamos multidões, sem distinção nem de idade, nem de sexo. Existe nos relatos comprovados das perseguições antigas uma única característica que se aproxime do massacre de São Bartolomeu e dos massacres da Irlanda? Haverá um único que se assemelhe à festa anual que ainda se celebra em Toulouse, uma festa cruel, uma festa que deveria ser abolida para sempre, na qual um povo inteiro agradece a Deus em procissão e se felicita por ter degolado, há duzentos anos, quatro mil de seus concidadãos?

Digo isso com horror, mas com verdade: somos nós, cristãos, somos nós que temos sido os perseguidores, os carrascos, os assassinos! E de quem? De nossos irmãos. Fomos nós que destruímos cem cidades, com o crucifixo ou a Bíblia nas mãos, e que nunca cessamos de derramar sangue e acender piras, desde o reinado de Constantino até as fúrias dos canibais que habitavam as Cévennes; fúrias que, graças ao céu, não mais subsistem hoje.

Enviamos ainda algumas vezes ao cadafalso, pobres do Poitou, do Vivarais, de Valence, de Montauban. Desde 1745, enforcamos oito pessoas daqueles chamados *pregadores*, ou *ministros do Evangelho*, que não cometeram outro crime senão ter orado a Deus pelo rei em patoá, e ter dado uma gota de vinho e um pedaço de pão fermentado a alguns camponeses imbecis. Não fazemos nada disso em Paris, onde o prazer é a única coisa importante, onde ignoramos tudo o que acontece na província e entre os estrangeiros. Esses julgamentos são realizados em uma hora e mais rápido do que se julga um desertor. Se o rei fosse informado disso, ele concederia misericórdia.

Os padres católicos não são tratados assim em nenhum país protestante. Há mais de cem padres católicos na Inglaterra e na Irlanda, são conhecidos, deixaram-nos viver muito pacificamente durante a última guerra.

Seremos sempre os últimos a abraçar as opiniões sadias de outras nações? Elas se corrigiram; quando nos corrigiremos? Foram necessários sessenta anos para nos fazerem adotar o que Newton havia demonstrado; estamos mal começando a ousar salvar as vidas de nossas crianças por meio da inoculação;[3] só há pouco começamos a praticar os verdadeiros princípios da agricultura; quando começaremos a praticar os verdadeiros princípios da humanidade? E com que direito podemos censurar os

---

3 A introdução da inoculação contra a varíola por Lady Montague na Inglaterra em 1721, popularizada por sua adoção por membros da família real, já havia feito uma grande diferença nas taxas de infecção por varíola no país. (N. T.)

pagãos de terem feito mártires, enquanto formos culpados da mesma crueldade nas mesmas circunstâncias?

Concedamos que os romanos tenham matado uma multidão de cristãos apenas por causa da religião; neste caso, os romanos foram muito repreensíveis. Queremos cometer a mesma injustiça? E ao censurá-los por terem perseguido, gostaríamos de ser perseguidores?

Se houvesse alguém suficientemente desprovido de boa-fé, ou fanático o bastante para me dizer aqui: Por que vindes expor nossos erros e nossas falhas? Por que destruir nossos falsos milagres e nossas falsas lendas? Elas são o alimento da piedade de muitas pessoas; existem erros necessários; não arranqueis do corpo uma úlcera inveterada que traria consigo a destruição do corpo: eis, a seguir, o que eu lhe responderia.

Todos esses falsos milagres, com os quais abalais a fé devida aos verdadeiros, todas essas lendas absurdas que acrescentais às verdades do Evangelho, extinguem a religião nos corações; muitas pessoas que querem se instruir, mas que não têm tempo para se instruir o suficiente, dizem: Os mestres da minha religião me enganaram, então não há religião; é melhor se jogar nos braços de natureza do que naqueles do erro; prefiro depender da lei natural do que das invenções dos homens. Outros têm a infelicidade de ir ainda mais longe; veem que a impostura lhes impôs um freio, e nem sequer querem o freio da verdade; eles se inclinam para o ateísmo: tornam-se depravados porque outros foram falsos e cruéis.

Eis aí, certamente, as consequências de todas as fraudes piedosas e de todas as superstições. Os homens geralmente raciocinam apenas pela metade; é um péssimo argumento dizer: Voragine, o autor de *A lenda áurea*, e o jesuíta Ribadeneira, compilador de *A flor dos santos*, disseram apenas tolices, portanto, não existe Deus. Os católicos degolaram um certo número de huguenotes, e os huguenotes, por sua vez, assassinaram um certo número de católicos, portanto, não existe Deus. A confissão, a comunhão e todos os sacramentos foram empregados para cometer os crimes mais horríveis; portanto, não existe Deus. Eu concluiria, ao contrário, portanto, existe um Deus, que depois desta vida passageira, em que o ignoramos tanto e cometemos tantos crimes em seu nome, se dignará a consolar-nos de tantas horríveis infelicidades; porque, considerando as guerras de religião, os quarenta cismas dos papas, que foram quase todos sangrentos, as imposturas, que foram quase todas funestas, os ódios inconciliáveis inflamados por diferentes opiniões, vendo todos os males que o falso zelo produziu, os homens tiveram seu próprio inferno nesta vida por muito tempo.

XI
Abuso da intolerância

Mas o quê! Seria permitido a cada cidadão acreditar apenas na sua própria razão e pensar o que esta razão, clara ou enganada, lhe ditar? Deve ser assim,[1] desde que não perturbe a ordem; pois não depende do homem acreditar ou não; mas depende dele respeitar os costumes de sua pátria. E se dissésseis que é um crime não acreditar na religião dominante, vós mesmos, então, estaríeis acusando os primeiros cristãos, vossos pais, e justificaríeis aqueles a quem acusais de tê-los entregue aos suplícios.

Respondeis que a diferença é grande, que todas as religiões são obras de homens e que a Igreja católica apostólica e romana é a única obra de Deus. Mas, de boa-fé, porque a nossa religião é divina, deve ela reinar pelo ódio, pelas fúrias, pelos exílios, pelos sequestros de bens, prisões, torturas, assassinatos, e pelas ações de graças rendidas a Deus por esses assassinatos? Quanto mais a religião cristã é divina, menos cabe ao homem comandá-la. Se Deus a fez, Deus a sustentará sem vós.

---

1 Vide a excelente carta de Locke sobre a tolerância.

Sabeis que a intolerância só produz hipócritas ou rebeldes; que funesta alternativa! Enfim, gostaríeis de apoiar por meio de carrascos a religião de um Deus que carrascos fizeram perecer e que só pregou mansidão e a paciência?

Vede, peço-vos, as terríveis consequências do direito à intolerância: se fosse permitido despojar a propriedade de alguém, jogá-lo nas masmorras, matar um cidadão que, sob determinado grau de latitude, não professasse a religião admitida sob este grau, que exceção isentaria os primeiros do Estado das mesmas penalidades? A religião une igualmente o monarca e os mendigos: também, mais de cinquenta doutores ou monges afirmaram este horror monstruoso, que era permitido depor e matar soberanos que não pensassem como a Igreja dominante; e os parlamentos do reino nunca cessaram de proscrever estas abomináveis decisões de abomináveis teólogos.[2]

---

2 O jesuíta Busembaum, comentado pelo jesuíta La Croix, diz "que é permitido matar um príncipe excomungado pelo papa, em qualquer país que este príncipe se encontre, porque o universo pertence ao papa, e que quem aceitar esta missão estará fazendo um trabalho muito caridoso". É esta proposta, inventada nos recônditos do inferno, que mais levantou toda a França contra os jesuítas. Naquela época, mais do que nunca, eles foram censurados por causa desse dogma tantas vezes ensinado por eles e tantas vezes renegado. Pensaram que podiam justificar-se mostrando quase as mesmas decisões em São Tomás e em vários jacobinos. (Vide, se possível, a *Carta de um homem do mundo a um teólogo sobre São Tomás*; é uma brochura jesuíta, de 1762.) Com efeito, São Tomás de Aquino, doutor angélico, intérprete da vontade divina (são seus títulos), afirma que um príncipe apóstata perde o seu direito à coroa, e que não devemos mais obedecê-lo (livro II, parte 2, questão 12); que a Igreja pode puni-lo com a morte, que só o imperador Juliano foi tolerado porque não éramos os mais fortes (livro II, parte 2, questão 12); que, por

O sangue de Henrique, o Grande, ainda fumegava quando o Parlamento de Paris emitiu um decreto que estabelecia a independência da coroa como uma lei fundamental. O cardeal Duperron, que devia sua púrpura a Henrique, o Grande, elevou-se nas cortes de 1614 contra o decreto do Parlamento, e fez com que fosse suprimido. Todos os jornais da época relatam os termos que Duperron empregou em suas arengas: "Se um príncipe se tornasse arianista," disse ele, "seríamos obrigados a destituí-lo."

Certamente não, senhor cardeal; estamos dispostos a adotar vossa suposição quimérica, de que um de nossos reis, tendo lido a história dos concílios e dos pais da Igreja, impressionado, além

---

direto, devemos matar todos os hereges: (livro II, parte 2, questões 11 e 12); que aqueles que libertam o povo de um príncipe que governa tiranicamente são muito louváveis etc. etc. Respeitamos muito o anjo da Escola; mas se nos tempos de Jacques Clément, seu confrade, e do *feuillant* Ravaillac, ele tivesse vindo sustentar tais propostas na França, como teria sido tratado o anjo da Escola?

É preciso admitir que Jean Gerson, chanceler da universidade, foi ainda mais longe que São Tomás, e o franciscano Jean Petit, infinitamente mais longe que Gerson. Vários franciscanos apoiaram as horríveis teses de Jean Petit. É preciso admitir que esta doutrina diabólica do regicídio provém unicamente da louca ideia que quase todos os monges defenderam durante muito tempo, de que o papa é um deus na terra, que pode dispor do trono e da vida dos reis como quiser. Nisto fomos muito piores do que aqueles tártaros, que acreditam que o grande Lama é imortal; ele lhes distribui seus penicos, eles secam essas relíquias, as consagram e as beijam com devoção. Pela minha parte, admito que preferiria, pelo bem da paz, levar tais relíquias ao pescoço, do que acreditar que o papa tem o mínimo direito temporal sobre os reis, nem mesmo sobre o meu, em circunstância nenhuma.

disso, por essas palavras, *Meu pai é maior do que eu*, tomando-as muito ao pé da letra, e oscilando entre o concílio de Nicéia e o de Constantinopla, se declarasse a favor de Eusébio de Nicomédia, eu não obedeceria menos ao meu rei, não me consideraria menos obrigado pelo juramento que lhe fiz; e se ousásseis vos rebelar contra ele, e se eu fosse um de vossos juízes, eu vos declararia criminoso de lesa-majestade.

Duperron levou a disputa ainda mais longe e eu a resumo. Aqui não é o lugar para aprofundar essas quimeras revoltantes; vou me limitar a dizer, com todos os cidadãos, que não é porque Henrique IV foi consagrado em Chartres que lhe devíamos obediência, mas porque o incontestável direito de nascimento dava a coroa a este príncipe, que a merecia por sua coragem e bondade.

Que seja então permitido afirmar que todo cidadão deve herdar, pelo mesmo direito, os bens de seu pai, e que não vemos que deva ser privado deles e ser arrastado para o cadafalso, só porque isso corresponde ao sentimento de Ratramo contra Pascásio Radberto, e de Berengário contra Escoto.

Sabe-se que todos os nossos dogmas nem sempre foram claramente explicados e universalmente aceitos em nossa Igreja. Não tendo Jesus Cristo nos contado como agia o Espírito Santo, a Igreja latina acreditou por muito tempo, juntamente com a grega, que ele procedia apenas do Pai: enfim, ela acrescentou ao Símbolo[3] que ele também procedia do Filho. Pergunto se,

---

3 Ver nota 7 do capítulo IX. O autor se refere à passagem do *Símbolo dos apóstolos*, ou *Credo dos apóstolos*: "Creio em Deus, Pai Todo-Poderoso, criador do céu e da terra, e em Jesus Cristo, seu único Filho, nosso Senhor, que foi concebido pelo poder do Espírito Santo." (N. T.)

no dia seguinte a esta decisão, um cidadão que tivesse aderido ao Símbolo da véspera teria sido digno de morte? A crueldade, a injustiça seriam menores de punir hoje aquele que pensaria como pensávamos outrora? Eram culpados, no tempo de Honório I, de acreditar que Jesus não tinha duas vontades?

Não faz muito tempo que a Imaculada Conceição foi estabelecida: os dominicanos ainda não acreditam nela. Quando os dominicanos começarão a merecer punição neste mundo e no outro?

Se devemos aprender com alguém que nos guie nas nossas disputas intermináveis, é certamente com os apóstolos e com os evangelistas. Havia motivos bastantes para provocar um cisma violento entre São Paulo e São Pedro. Paulo diz expressamente, em sua *Epístola aos gálatas*, que ele resistiu diante de Pedro, porque Pedro era repreensível por ter usado de dissimulação assim como Barnabé, porque comiam com os gentios antes da chegada de Tiago e, em seguida, se retiraram secretamente e se separaram dos gentios por medo de ofender os circuncisos. "Vi," acrescenta, "que não caminhavam retamente segundo o Evangelho; digo a Cefas: Se vós, judeu, viveis como os gentios e não como os judeus, por que obrigais os gentios a judaizar?"

Era um tema de disputa violenta. Tratava-se de saber se os novos cristãos judaizariam ou não. São Paulo foi naquela mesma hora fazer sacrifícios no templo de Jerusalém. Sabe-se que os primeiros quinze bispos de Jerusalém foram judeus circuncisos, que observavam o Shabat e se abstinham de carnes proibidas. Um bispo espanhol ou português, que se fizesse circuncidar e que observasse o Shabat, seria queimado num *auto de fé*. E ainda assim este ponto fundamental não alterou a paz nem entre os apóstolos, nem entre os primeiros cristãos.

Se os evangelistas se assemelhassem aos escritores modernos, teriam um campo muito vasto para combater uns contra os outros. São Mateus conta vinte e oito gerações de Davi a Jesus. São Lucas conta quarenta e uma; e essas gerações são absolutamente diferentes. Não se vê, entretanto, nenhuma dissenção surgir entre os discípulos sobre estas aparentes contradições, que foram muito bem conciliadas por vários pais da Igreja. A caridade não foi ferida, a paz foi preservada. Que lição maior para nos tolerarmos nas nossas disputas e nos humilharmos em tudo o que não compreendemos?

São Paulo, em sua *Epístola* a alguns judeus de Roma, convertidos ao cristianismo, emprega todo o final do capítulo 3 para dizer que só a fé glorifica, e que as obras não justificam ninguém. São Tiago, ao contrário, em sua *Epístola* às doze tribos dispersas por toda a terra, no capítulo 2, nunca deixa de dizer que ninguém pode se salvar sem obras. Isto é o que separou duas grandes comunhões entre nós, e que não dividiu os apóstolos.

Se a perseguição contra aqueles com quem discutimos fosse uma ação santa, deveria se admitir que aquele que mandasse matar mais hereges seria o maior santo do paraíso. Que papelão faria um homem que se contentasse em despojar seus irmãos e confiná-los em masmorras, ao lado de um zeloso que teria massacrado centenas deles no dia de São Bartolomeu? Eis aqui a prova.

O sucessor de São Pedro e seu consistório não podem errar; aprovaram, celebraram, consagraram a ação do massacre de São Bartolomeu: portanto, esta ação foi santíssima; portanto, de dois assassinos iguais em piedade, aquele que estripasse vinte e quatro mulheres huguenotes grávidas deveria ser elevado em glória duas vezes mais do que aquele que estripou apenas doze: pela mesma razão, os fanáticos das Cévennes deviam acreditar que eles seriam exaltados na glória segundo a proporção do número de padres, de religiosos e de mulheres católicas que tivessem degolado. São títulos bem estranhos para a glória eterna.

XII

Se a intolerância foi um direito divino no judaísmo, e se foi sempre posta em prática

Chama-se, creio eu, de *direito divino*, os preceitos dados por Deus, ele próprio. Queria que os judeus comessem um cordeiro cozido com alfaces, e que os convivas o comessem em pé, com um cajado na mão, para comemorar Pessach; ordenou que a consagração do sumo sacerdote se fizesse colocando sangue em sua orelha direita, em sua mão direita e em seu pé direito; costumes extraordinários para nós, mas não para a antiguidade; ele quis que o bode Azazel fosse culpado pelas iniquidades do povo; proibiu as pessoas de comerem peixes sem escamas, porcos, lebres, ouriços, corujas, grifos,[1] falcões etc.[2]

Instituiu festivais e cerimônias; todas essas coisas, que pareciam arbitrárias às outras nações, e sujeitas ao direito positivo, ao costume, sendo comandadas pelo próprio Deus, tornavam-se um direito divino para os judeus, assim como tudo o que Jesus Cristo, filho de Maria, filho de Deus, nos ordenou, é de direito divino para nós.

---

1 Espécie de abutre. (N. T.)
2 *Deuteronômio*, cap.14.

Vamos nos abster de questionar aqui por que Deus substituiu uma nova lei àquela que ele havia dado a Moisés, e por que ele ordenou mais coisas a Moisés do que ao patriarca Abraão, e mais a Abraão do que a Noé.[3] Parece que ele se digna a se

---

3 Com a ideia de fazermos algumas notas úteis nesta obra, observaremos aqui que é dito que Deus fez uma aliança com Noé, e com todos os animais; e, no entanto, ele permite *a Noé de comer tudo que tem vida e movimento*; só exclui o sangue, do qual não permite que ninguém coma. Deus acrescenta (*Genesis*, cap.9, v.5) "que se vingará de todos os animais que derramarem o sangue do homem".
Podemos inferir destas passagens e de várias outras o que toda a Antiguidade sempre acreditou até os nossos dias, e o que pensam todos os homens sensatos, que os animais têm algum conhecimento. Deus não faz pacto com as árvores e as pedras, que não têm sentimento; mas ele faz um com os animais, aos quais se dignou dotar de um sentimento muitas vezes mais sutil que o nosso, e de algumas ideias necessariamente ligadas a esse sentimento. É por isso que ele não quer que as pessoas cometam a barbárie de se alimentar do seu sangue, porque na verdade o sangue é a fonte da vida e, em consequência, do sentimento. Privai um animal de todo o seu sangue e todos os seus órgãos permanecerão inativos. É, portanto, com grande razão, que as Escrituras dizem em centenas de lugares que a alma, isto é, o que chamavam de alma sensitiva, está no sangue; e esta ideia tão natural foi a de todos os povos.
É nesta ideia que se baseia a comiseração que devemos ter pelos animais. Dos sete preceitos do noaquismo, aceitos entre os judeus, há um que proíbe comer o membro de um animal vivo. Este preceito prova que os homens tiveram a crueldade de mutilar os animais para comerem os seus membros decepados, e que os deixavam viver, para se alimentarem sucessivamente das partes dos seus corpos. Este costume persistiu de fato entre alguns povos bárbaros, como vemos pelos sacrifícios na ilha de Quios, a Baco Omadios, o comedor de carne crua. Deus, ao permitir que os animais nos sirvam de pasto, recomenda, portanto, alguma humanidade em relação a eles. É preciso convir que há uma barbárie em fazê-los sofrer, e certamente é

adequar aos tempos e à população do gênero humano; é uma gradação paterna: mas esses abismos são profundos demais para nossa débil visão; mantenhamo-nos dentro dos limites do nosso assunto; vejamos primeiro o que era a intolerância entre os judeus.

É verdade que em *Êxodo*, *Números*, *Levítico* e *Deuteronômio* existem leis muito severas sobre o culto, e castigos ainda mais severos. Vários comentadores têm dificuldade em conciliar os

---

apenas o costume que consegue reduzir em nós o horror natural de abater um animal que alimentamos com nossas mãos. Sempre houve povos que tiveram grandes escrúpulos a esse respeito: esse escrúpulo ainda perdura na península da Índia; toda a seita de Pitágoras, na Itália e na Grécia, abstinha-se constantemente de comer carne. Porfírio, em seu livro da abstinência, repreende seu discípulo por ter abandonado a seita apenas para se entregar a seu apetite bárbaro. Parece-me que é preciso ter renunciado à inteligência natural para ousar sugerir que os animais não passam de máquinas. Há uma contradição manifesta em convir que Deus deu aos animais todos os órgãos dos sentimentos e em sustentar que não lhes deu sentimento algum.

Parece-me ainda que é preciso nunca ter observado os animais para não distinguir neles as diferentes vozes da necessidade, do sofrimento, da alegria, do medo, do amor, da raiva e de todos os seus afetos; seria muito estranho que expressassem tão bem algo que não sentem. Esta observação pode proporcionar muitas reflexões às mentes treinadas sobre o poder e a bondade do Criador, que se digna conceder vida, sentimento, ideias, memória aos seres que ele mesmo organizou com sua mão onipotente. Não sabemos nem como esses órgãos se formaram, nem como se desenvolveram, nem como recebemos a vida, nem por quais leis os sentimentos, as ideias, a memória, a vontade estão vinculadas a esta vida: e nesta ignorância profunda e eterna, inerente à nossa natureza, discutimos sem parar, perseguimos uns aos outros, como touros que se batem com seus chifres, sem saber por que e como têm chifres.

relatos de Moisés com as passagens de Jeremias e de Amós, e com o famoso discurso de Santo Estêvão, registrado nos *Atos dos apóstolos*. Amós[4] diz que os judeus sempre adoraram, no deserto, Moloque, Remfã e Quium. Jeremias[5] diz expressamente que Deus não exigiu nenhum sacrifício a seus pais quando saíram do Egito. Santo Estêvão,[6] em seu discurso aos judeus, se exprime assim: "Eles adoraram o exército do céu, não ofereceram nem sacrifícios, nem holocaustos no deserto durante quarenta anos, carregaram o tabernáculo do deus Moloque, e o astro do seu deus Remfã."

Outros críticos inferem dessa adoração a tantos deuses estrangeiros que estes deuses foram tolerados por Moisés, e citam como prova estas palavras do *Deuteronômio*: "Quando estiverdes na terra de Canaã, não farão como fazemos hoje, quando cada um faz o que lhe apraz."[7]

---

4 *Amós*, cap.5, v.26.
5 *Jeremias*, cap.7, v.42.
6 *Atos dos apóstolos*, cap.7, v.42-3.
7 *Deuteronômio*, cap.12, v.8. Vários escritores concluem temerariamente a partir desta passagem que o capítulo relativo ao bezerro de ouro (que nada mais é do que o deus Ápis) foi acrescentado aos livros de Moisés, bem como vários outros capítulos.
Abraão ibne Esdras foi o primeiro que acreditou poder provar que o Pentateuco havia sido escrito na época dos reis. Volaston, Colins, Tindale, Shaftsbury, Bolingbroke e muitos outros alegaram que a arte de gravar os pensamentos em pedra polida, tijolo, chumbo ou madeira era, então, a única maneira de escrever: dizem que, na época de Moisés, os caldeus e os egípcios não escreveram de outra forma, que só se podia então gravar de forma muito abreviada, e em hieróglifos, a substância das coisas que se queria transmitir para a posteridade, e não histórias detalhadas; que não era possível gravar livros grandes num deserto onde as pessoas mudavam de moradia

Baseiam sua convicção no fato de não se falar de qualquer ato religioso do povo do deserto: nenhuma Páscoa celebrada,

tantas vezes, onde não havia ninguém que pudesse fornecer roupas, nem cortá-las, nem sequer remendar sandálias, e onde Deus foi obrigado a realizar o milagre de preservar durante quarenta anos as roupas e os sapatos do seu povo. Dizem que não é verossímil que existissem tantos gravadores de caracteres, quando faltavam as artes mais necessárias, e quando nem se sabia fazer pão: e se lhes dizem que as colunas do tabernáculo eram de bronze, e os capitéis de prata maciça, respondem que a ordem poderia ter sido dada no deserto, mas que só foi executada em tempos mais felizes.

Não podem conceber que aquele povo pobre tenha pedido um bezerro de ouro maciço (*Êxodo*, cap.32, v.1) para adorar ao pé da própria montanha em que Deus falou a Moisés, no meio dos trovões e relâmpagos que aquele povo via (*Êxodo*, cap.19, v.18-19), e ao som da trombeta celeste que ouvia. Ficam surpresos que, na véspera do próprio dia em que Moisés desceu da montanha, todo esse povo tenha se dirigido o irmão de Moisés para obter um bezerro de ouro maciço. Como Aarão fundiu esse ouro em um único dia (*Êxodo*, cap.32, v.4)? Como então Moisés o reduziu a pó (*Êxodo*, cap.32, v.20)? Eles dizem que é impossível a qualquer artista fazer uma estátua de ouro em menos de três meses, e que para reduzi-la a pó que se possa engolir não basta a arte da mais elaborada química; assim, a prevaricação de Aarão e a operação de Moisés teriam sido dois milagres.

A humanidade, a bondade de coração que os engana, impede-os de acreditar que Moisés tenha feito degolar vinte e três mil pessoas (*Êxodo*, cap.32, v.28) para expiar este pecado: não imaginam que vinte e três mil homens tenham assim se deixado massacrar pelos levitas, a menos que haja um terceiro milagre. Finalmente, eles acham estranho que Aarão, o mais culpado de todos, tenha sido recompensado pelo crime mediante o qual os outros foram tão horrivelmente punidos (*Êxodo*, cap.33, v.19; *Levítico*, cap.8, v.2), e que ele tenha sido feito sumo sacerdote, enquanto os cadáveres de vinte e três mil de seus irmãos ensanguentados estavam empilhados ao pé do altar onde ele iria sacrificar.

nada de Pentecostes; nenhuma menção de terem celebrado a Festa dos Tabernáculos, nenhuma oração pública estabelecida;

> Levantam as mesmas dificuldades a respeito dos vinte e quatro mil israelitas massacrados por ordem de Moisés (*Números*, cap.25, v.9), para expiar a culpa de um único que havia sido surpreendido com uma jovem midianita. Vê-se tantos reis judeus, e sobretudo Salomão, casarem-se impunemente com estrangeiras, que estes críticos não podem admitir que a aliança com uma midianita tivesse sido um crime assim tão grande: Rute era moabita, embora a sua família fosse originária de Belém; a sagrada Escritura sempre a chama de Rute, a moabita: no entanto, ela foi para a cama com Boaz por conselho de sua mãe, recebeu dele seis alqueires de cevada, depois se casou com ele, e foi antepassada de Davi. Raabe não era apenas estrangeira, mas uma mulher pública; a *Vulgata* não lhe dá outro título senão o de *meretrix* (*Josué*, cap.6, v.17); ela se casou com Salomão, príncipe de Judá; e é novamente deste Salomão que descende de Davi. Raabe é até considerada como a figura da Igreja cristã; este é o sentimento de vários pias, e especialmente de Orígenes na sua sétima homilia sobre Josué.
> Betsabé, esposa de Urias, de quem Davi teve Salomão, era uma hitita. Se voltarmos um pouco, o patriarca Judá se casou com uma mulher cananeia; seus filhos tiveram como esposa Tamar, da dinastia Aram: essa mulher, com quem Judá cometeu incesto, sem saber, não era da dinastia de Israel.
> Assim, nosso senhor Jesus Cristo dignou-se encarnar entre os judeus numa família na qual cinco estrangeiros faziam parte do tronco, para mostrar que nações estrangeiras compartilhariam sua herança. O rabino Abraão ibne Esdras foi, como já disse, o primeiro que ousou pretender que o Pentateuco foi escrito muito depois de Moisés: baseia-se em diversas passagens. "Os cananeus (*Gênesis*, cap.9, v.6) estavam então nessa terra. A montanha de Moriá (II. *Paralip.*, III, 1), chamada de *montanha de Deus*, o leito de Ogue, rei de Bazã, ainda é vista em Rabá, e ele chamou toda esta terra de Bazã, as aldeias de Jair, até hoje. Nunca houve um profeta em Israel como Moisés. Estes são os reis que reinaram em Edom (*Gênesis*, cap.36, v.31) antes que

enfim, a circuncisão, este selo da aliança de Deus com Abraão, não foi praticada.

---

qualquer rei reinasse em Israel." Ele pretende que essas passagens, que falam de coisas que aconteceram depois de Moisés, não podem ser de Moisés. A resposta a estas objeções é que estas passagens são notas acrescentadas muito tempo depois pelos copistas.

Newton, cujo nome, aliás, só deve ser pronunciado com respeito, mas que pôde se enganar, já que era homem, atribui na introdução aos seus comentários sobre Daniel e sobre São João, os livros de Moisés, de *Josué* e dos *Juízes*, a autores sagrados muito posteriores; ele se baseia no cap.36 de *Gênesis*, em quatro capítulos de *Juízes*, 17, 18, 19 e 21; em *Samuel*, cap.8; nas *Crônicas*, cap.2; no livro de *Rute*, cap.4. Com efeito, se no cap.36 do *Gênesis* mencionam-se reis, se são mencionados nos livros dos *Juízes*, se no livro de *Rute* se fala de Davi, parece que todos estes livros foram redigidos no tempo dos reis. Este é também o sentimento de alguns teólogos, encabeçados pelo famoso Le Clerc. Mas esta opinião tem apenas um pequeno número de seguidores, cuja curiosidade fundamenta estes abismos. Esta curiosidade, sem dúvida, não está entre os deveres do homem. Quando os sábios e os ignorantes, os príncipes e os pastores, aparecerem depois desta curta vida diante do mestre da eternidade, cada um de nós então desejará ter sido justo, humano, compassivo, generoso: ninguém se gabará de ter conhecido precisamente em que ano o Pentateuco foi escrito e ter destrinchado o texto das notas que estava em uso entre os escribas. Deus não nos perguntará se nos aliamos aos massoretas contra o Talmude, se um dia tomamos um *caf* por um *bet*, um *iode* por um *vav*, um *dalet* por um *rexe*: certamente ele nos julgará por nossas ações, e não sobre conhecimento da língua hebraica. Nós nos mantemos firmemente na decisão da Igreja, de acordo com o dever razoável de um fiel.

Terminemos esta nota com uma importante passagem do *Levítico*, livro composto após a adoração do bezerro de ouro. Ele ordena que os judeus não adorem mais os peludos (*Levítico*, cap.17), "os bodes com os quais cometeram abominações infames". Não sabemos se este estranho culto vinha do Egito, pátria da superstição e da feiti-

Eles ainda se valem da história de Josué.[8] Esse conquistador disse aos judeus: "A escolha vos é dada, escolhei o partido que preferis, ou adorar os deuses a quem servistes no país dos amorreus, ou aqueles que vós reconhecestes na Mesopotâmia." O povo respondeu: "Não será assim, serviremos a Adonai." Josué replicou-lhes: "Escolhestes por vós mesmos, então ex-

---

çaria; mas acreditamos que o costume dos nossos chamados feiticeiros de ir ao Sabá, de adorar ali um bode e de se abandonar com ele a torpezas inconcebíveis, cuja ideia causa horror, tenha vindo dos antigos judeus: com efeito, foram eles que ensinaram bruxaria numa parte da Europa. Que povo! Tal estranha infâmia parecia merecer uma punição semelhante àquela que o bezerro de ouro atraiu sobre eles e, no entanto, o legislador se contenta em lhes dar uma simples proibição. Este fato só é relatado aqui para dar a conhecer a nação judaica: a bestialidade (*Levítico*, cap.18, v.23) deve ter sido comum nela, já que é a única nação conhecida em que as leis foram forçadas a proibir um crime que não foi suspeito em nenhum outro lugar por nenhum legislador.

Acredita-se que nas fadigas e na penúria que os judeus sofreram nos desertos de Parã, Horebe e Cades Barneia, a espécie feminina, mais fraca do que a outra, tenha sucumbido. Na verdade, é necessário que faltassem moças aos judeus, pois lhes é sempre comandado, quando tomam um burgo ou uma aldeia, à esquerda ou à direita do lago Asfaltite, para matar todos, exceto as jovens núbeis.

Os árabes que habitam ainda parte desses desertos estipulam sempre nos tratados que fazem com as caravanas, de que lhes serão entregues moças núbeis. É provável que os jovens desses lugares horríveis tenham levado a depravação da natureza humana a ponto de se acasalarem com cabras, como dizem a respeito de alguns pastores da Calábria.

Resta agora saber se essas uniões produziram monstros e se existe algum fundamento para os antigos contos de sátiros, faunos, centauros e minotauros. A história o diz; a física ainda não nos esclareceu sobre este assunto monstruoso.

8 *Josué*, cap.14, v.15 e seguintes.

pulsai os deuses estrangeiros do vosso meio." Eles tinham, portanto, incontestavelmente, outros deuses além de Adonai no tempo de Moisés.

É bastante inútil aqui refutar os críticos que pensam que o Pentateuco não foi escrito por Moisés; tudo já foi dito há muito tempo sobre essa matéria; e mesmo que uma pequena parte dos livros de Moisés tivesse sido escrita na época dos juízes ou dos pontífices, eles não seriam menos inspirados e menos divinos.

Basta, parece-me, que seja comprovado pela Santa Escritura que, apesar da punição extraordinária que os judeus atraíram sobre si pelo culto de Ápis, eles conservaram por muito tempo uma inteira liberdade: talvez até mesmo o massacre que Moisés fez de vinte e três mil homens por causa do bezerro erigido por seu irmão o tenha feito compreender que nada se ganha com o rigor e que tenha sido obrigado a fechar os olhos diante da paixão do povo pelos deuses estrangeiros.

Ele próprio logo parece transgredir a lei que deu.[9] Proibiu todos os simulacros, no entanto erigiu uma serpente de bronze. A mesma exceção à lei é encontrada posteriormente no templo de Salomão: este príncipe mandou esculpir doze bois que sustentavam a grande pia do templo; querubins são dispostos na arca; têm uma cabeça de águia e uma cabeça de bezerro; e aparentemente foi essa cabeça de bezerro malfeita, encontrada no templo pelos soldados romanos, que levou as pessoas a acreditarem por muito tempo que os judeus adoravam um burro.

Em vão se proíbe o culto a deuses estrangeiros; Salomão é tranquilamente idólatra. Jeroboão, a quem Deus deu dez partes

---
9 *Números*, cap.21, v.9.

do reino, mandou erigir dois bezerros de ouro, e reinou durante vinte e dois anos, unindo em si as dignidades de monarca e pontífice. O pequeno reino de Judá sob Roboão ergue altares estrangeiros e estátuas. O piedoso rei Asa não destrói os lugares venerados.[10] O sumo sacerdote Urias erige no templo, no lugar do altar dos holocaustos, um altar do rei da Síria.[11] Em breve, não se constata nenhuma coerção religiosa. Sei que a maioria dos reis judeus se exterminou, assassinaram-se uns aos outros; isso foi sempre por interesses políticos e não por crença religiosa.

É verdade que entre os profetas houve alguns que invocaram o céu em busca de vingança: Elias[12] fez descer o fogo celeste para consumir o sacerdote de Baal; Eliseu[13] chamou ursos para devorarem quarenta e duas crianças que o trataram de *cabeça careca*; mas estes são milagres raros e fatos que seriam um pouco difíceis de querer imitar.

Alguns nos objetam ainda que o povo judeu era muito ignorante e muito bárbaro. É dito[14] que, na guerra contra os midianitas,[15] Moisés ordenou matar todos os filhos homens e todas as mães, e repartir o butim. Os vencedores encontraram

---

10 Livro III dos *Reis*, cap.15, v.14; Ibid., cap.22, v.44.
11 Livro IV dos *Reis*, cap.16.
12 Livro III dos *Reis*, cap.18, v.38 e 40.
13 Livro IV dos *Reis*, cap.2, v.24.
14 *Números*, cap.31.
15 Midiã não foi incluída na terra prometida: é um pequeno cantão da Idumeia, na Arábia Petreia; começa em direção ao Setentrião, na torrente de Arnom, e termina na torrente de Zared, em meio aos rochedos, e na margem oriental do lago Asfaltite. Essa região é hoje habitada por uma pequena horda de árabes: pode ter cerca de oito léguas de comprimento e um pouco menos de largura.

no campo de batalha 675 mil ovelhas, 72 mil bois, 61 mil jumentos e 32 mil donzelas; repartiram e mataram todo o resto. Vários comentadores pretendem mesmo que trinta e duas donzelas foram imoladas ao Senhor: *Cesserunt in partem Domini triginta duæ animæ*.[16]

Com efeito, os judeus imolavam homens à divindade, testemunha o sacrifício de Jefté,[17] testemunha o rei Agague,[18] cor-

---

16 [Cederam ao Senhor trinta e duas almas.] (N. T.)
17 É certo pelo texto (*Juízes*, cap.11, v.39) que Jefté imolou sua filha. "Deus não aprova essas devoções", diz Dom Calmet na sua *Dissertação sobre o voto de Jefté*; "mas quando elas são feitas, quer que sejam executadas, mesmo que apenas para punir aqueles que as faziam, ou para reprimir a leviandade com a qual teriam sido feitas, se não tivessem com receio da execução." Santo Agostinho, e quase todos os pais da Igreja condenam a ação de Jefté: é verdade que a Escritura (*Juízes*, cap.11, v.29) diz que *ele tinha sido preenchido pelo espírito de Deus*; e São Paulo, em sua *Epístola aos hebreus*, cap.11 (v.32), elogia Jefté; ele o coloca junto a Samuel e Davi.
São Jerônimo, em sua epístola a Juliano, diz: "Jefté imolou sua filha ao Senhor, e é por esta razão que o apóstolo o conta entre os santos." Eis, de ambos os lados, os juízos a respeito dos quais não nos é permitido dar o nosso; deve-se temer até mesmo ter uma opinião.
18 Podemos perceber a morte do rei Agague como um verdadeiro sacrifício. Saul fizera prisioneiro de guerra este rei dos amalequitas e o recebeu em sua capitulação, mas o sacerdote Samuel lhe havia ordenado que não poupasse nada; tinha-lhe dito com suas próprias palavras (Livro I dos *Reis*, cap.15, v.3): "Matai tudo, do homem até a mulher, até crianças pequenas e aquelas que ainda estão amamentando."
"Samuel cortou o rei Agague em pedaços perante o Senhor em Gilgal."
"O zelo com o qual que este profeta era animado", diz Dom Calmet, "fez com que ele empunhasse a espada nessa ocasião para vingar a glória do Senhor, e para confundir Saul."
Vê-se, nesta aventura fatal, um ato de devoção, um sacerdote, uma vítima; era, portanto, um sacrifício.

tado em pedaços pelo sacerdote Samuel. O próprio Ezequiel[19] lhes promete, para encorajá-los, que comerão carne humana:

> Todos os povos dos quais temos registro, sacrificaram homens à divindade, exceto os chineses. Plutarco (*Quest. rom.*, 82) relata que os próprios romanos os imolavam nos tempos da República.
>
> Vê-se, nos *Comentários de César* (*De bello gall.*, I, 24), que os germânicos iam imolar os reféns que ele lhes havia dado, quando ele os libertou com sua vitória.
>
> Em outro lugar, observei que esta violação do direito das pessoas em relação aos reféns de César, e a estas vítimas humanas imoladas, para cúmulo do horror, pelas mãos das mulheres, desmente um pouco o panegírico que Tácito faz dos germânicos no seu tratado *De Moribus Germanorum* [Sobre os costumes dos germanos]. Parece que, neste tratado, Tácito está mais interessado em satirizar os romanos do que em elogiar os germânicos, que ele não conhecia.
>
> Digamos aqui de passagem que Tácito preferia a sátira à verdade. Quer tornar tudo odioso, até ações indiferentes, e sua malignidade nos agrada quase tanto quanto seu estilo, porque gostamos da maledicência e do espírito.
>
> Voltemos às vítimas humanas. Nossos ancestrais as imolavam tanto quanto os germânicos: é o último grau de estupidez de nossa natureza abandonada a si própria, e é um dos frutos da fraqueza de nosso juízo. Dissemos: Deve-se oferecer a Deus o que temos de mais precioso e de mais belo; não temos nada mais precioso do que nossos filhos; é preciso, portanto, escolher os mais belos e os mais jovens para sacrificá-los à divindade.
>
> Fílon diz que na terra de Canaã, sacrificava-se também os filhos às vezes, antes que Deus ordenasse que Abraão sacrificasse seu único filho, Isaque, para testar sua fé.
>
> Sanconíaton, citado por Eusébio, relata que os fenícios sacrificavam o mais querido de seus filhos, nos momentos de grandes perigos, e que Ilo imolou seu filho Jeúde na época em que Deus colocou a fé de Abraão à prova. É difícil desvendar as trevas dessa antiguidade; mas é bem verdade que esses horríveis sacrifícios estiveram em uso em quase todos os lugares; os povos só se livraram deles à medida que se civilizaram. A polidez traz a humanidade.

19 *Ezequiel*, cap.39, v.18.

"Comereis, diz ele, o cavalo e o cavaleiro; bebereis o sangue dos príncipes." Não se encontra, em toda a história desse povo, nenhum traço de generosidade, de magnanimidade, de beneficência; mas, na nuvem dessa barbárie tão longa e tão terrível, sempre atravessam raios de uma tolerância universal.

Jefté,[20] inspirado por Deus, tendo imolado a este sua filha, diz aos amonitas: "O que vosso deus Quemós vos deu, não vos pertence por direito? Admitam, portanto, que nós tomemos a terra que nosso Deus nos prometeu." Esta declaração é precisa; pode levar muito longe; mas, pelo menos, é uma prova evidente que Deus tolerou Quemós. Pois a sagrada Escritura não diz: Pensais ter direito às terras que dizeis lhes terem sido dadas pelo deus Quemós; ela diz positivamente: Tendes o direito, *Tibi jure debentur*;[21] que é o verdadeiro sentido destas palavras hebraicas, *Otho thirasch*.[22]

A história de Micas e do levita, relatada nos capítulos 17 e 18 do livro dos *Juízes*, é mais uma prova incontestável da tolerância e da maior liberdade então admitida entre os judeus daquela época. A mãe de Micas, uma mulher muito rica de Efraim, havia perdido mil e cem moedas de prata; seu filho as devolveu a ela: ela consagrou esse dinheiro ao Senhor, mandou fazer ídolos; construiu uma pequena capela. Um levita servia a capela, contra o pagamento de dez moedas de prata, uma túnica, um manto por ano e sua comida; e Micas exclamou: "É agora que Deus me fará boas coisas, pois tenho em casa um sacerdote da linhagem de Levi."[23]

---

20 *Juízes*, cap.11, v.24.
21 [É devido a vós por direito.] (N. T.)
22 שרית ותוא, ele herdou, ou ele herdeiro. (N. T.)
23 *Juízes*, cap.17, último versículo.

No entanto, seiscentos homens da tribo de Dã, que buscavam capturar alguma aldeia no lugar e estabelecer-se ali, mas não tendo consigo nenhum sacerdote levita e necessitando de um para que Deus favorecesse a empreitada, dirigiram-se a Micas, e tomaram seu éfode, seus ídolos e seu levita, apesar dos protestos deste sacerdote, e apesar dos gritos de Micas e de sua mãe. Então foram com confiança atacar a aldeia chamada Laís, e ali passaram tudo a fogo e sangue, segundo o costume deles. Deram o nome de Dã a Laís, em memória da sua vitória; colocaram o ídolo de Micas num altar; e o que é muito mais notável, Jônatas, neto de Moisés, era o sumo sacerdote desse templo, onde se adorava o Deus de Israel e o ídolo de Micas.

Após a morte de Gideão, os hebreus adoraram Baal-Berite durante quase vinte anos, e renunciaram à adoração de Adonai, sem que nenhum chefe, nem juiz, nem sacerdote, clamasse por vingança. O crime deles era grande, admito; mas se até esta idolatria foi tolerada, quantas diferenças no culto verdadeiro devem ter sido toleradas?

Alguns dão como prova de intolerância o fato de que o próprio Senhor, tendo permitido que sua arca fosse tomada pelos filisteus em uma batalha, ele apenas puniu os filisteus atacando-os com uma doença secreta, semelhante às hemorroidas, derrubando a estátua de Dagom e enviando uma multidão de ratos em seus campos: mas quando os filisteus, para apaziguar sua ira, devolveram a arca puxada por duas vacas que amamentavam seus bezerros, e ofereceram a Deus cinco ratos de ouro e cinco ânus de ouro, o Senhor exterminou setenta anciãos de Israel e cinquenta mil homens do povo, por terem olhado para a arca; respondem-nos que o castigo do Senhor não recai sobre uma crença, sobre uma diferença no culto, nem sobre qualquer idolatria.

Se o Senhor tivesse desejado punir a idolatria, teria aniquilado todos os filisteus que ousaram tomar a sua arca, e que adoravam Dagom; mas ele fez com que cinquenta mil e setenta homens do seu próprio povo perecessem, apenas porque eles olharam para a sua arca, que não deveriam olhar: tão diferentes são as leis, os costumes daquela época, a economia judaica, de tudo aquilo que conhecemos, tantos os caminhos inescrutáveis de Deus estão acima dos nossos.

> O rigor exercido – diz o judicioso Don Calmet – contra esse grande número de homens, só parecerá excessivo para aqueles que não compreenderam até que ponto Deus queria ser temido e respeitado entre o seu povo, e que julgam as visões e os desígnios de Deus seguindo apenas as fracas luzes da sua razão.

Deus, portanto, não pune um culto estrangeiro, mas sim uma profanação do seu, uma curiosidade indiscreta, uma desobediência, talvez até um espírito de revolta. Sente-se bem que tais punições só pertencem a Deus na teocracia judaica. Nunca é demais repetir que aqueles tempos e aqueles costumes não têm relação alguma com os nossos.

Enfim, quando, em séculos posteriores, Naamã, o idólatra, perguntou a Eliseu se lhe era permitido seguir seu rei até o templo de Rimom, e *adorá-lo ali com ele*, esse mesmo Eliseu, que tinha feito os ursos devorarem as crianças, não respondeu: *Ide em paz*?[24]

---

24 Livro IV dos *Reis*, cap. 5, v. 18-19.

Há muito mais; o Senhor ordenou a Jeremias que pusesse cordas em volta do pescoço, coleiras[25] e cangas, para enviá-

---

25 Quem está pouco a par dos usos da Antiguidade, e que só julga a partir do que vê ao seu redor, pode se surpreender com essas singularidades; mas é preciso lembrar que naquela época, no Egito e em grande parte da Ásia, a maioria das coisas era expressa por figuras, hieróglifos, sinais, tipos.
Os profetas, que se chamavam de *videntes* entre os egípcios e entre os judeus, não apenas se expressavam por meio de alegorias, mas figuravam por meio de signos os acontecimentos que anunciavam. Então Isaías, o primeiro dos quatro grandes profetas judeus, pega um pergaminho e escreve nele: "Hash-Baz, pilhem rápido" (*Isaías*, cap.8); então ele se aproxima da profetisa, ela concebe, e dá à luz um filho a quem ele chama de Maher-Shalal-Hash-Baz: é uma figura dos males que o povo do Egito e da Assíria causarão aos judeus. Esse profeta diz (*Isaías*, cap.7, v.15, 16, 18 e 20): "Antes que a criança chegue à idade de comer manteiga e mel, e saiba reprovar o mau e escolher o bom, a terra detestada por vós será libertada dos dois reis; o Senhor assobiará para as moscas do Egito e para as abelhas de Assur; o Senhor tomará uma navalha de aluguel, e com ela raspará toda a barba e pelos dos pés do rei de Assur."
Esta profecia das abelhas, da barba e dos cabelos dos pés rapados, só pode ser ouvida por quem sabe que era costume chamar os enxames ao som do pífaro ou de algum outro instrumento campestre; que a maior afronta que se podia fazer a um homem era cortar-lhe a barba; que se chamava de *pelos dos pés* os pelos do púbis; que só se raspava esse pelo quando de doenças impuras, como a lepra. Todas estas imagens, tão estranhas ao nosso estilo, não significam outra coisa senão que o Senhor, dentro de alguns anos, libertará o seu povo da opressão.
O mesmo Isaías caminha completamente nu (cap.20), para assinalar que o rei da Assíria levará do Egito e da Etiópia uma multidão de cativos que não terão nada para cobrir a sua nudez.
Ezequiel (cap.4 e seguintes) come o rolo de pergaminho que lhe é apresentado: depois cobre o pão com excrementos e permanece

-los aos régulos ou melqui de Moabe, de Amom, de Edom, de Tiro, de Sidom; e Jeremias diz a eles, em nome do Senhor:

deitado sobre seu lado esquerdo trezentos e noventa dias, e sobre o lado direito quarenta dias, para anunciar que faltará pão para os judeus e para significar os anos que o cativeiro duraria. Ele arrasta correntes, que representam as do povo; corta o cabelo e a barba e os divide em três partes: o primeiro terço designa aqueles que devem perecer na cidade; o segundo, aqueles que serão executados em volta das muralhas; o terceiro, aqueles que serão levados para a Babilônia. O profeta Oseias (cap.3) uniu-se a uma mulher adúltera, que comprou por quinze moedas de prata e uma libra e meia de cevada: "Vós me esperareis, disse-lhe ele, por vários dias, e durante esse tempo nenhum homem se aproximará de vós; é o estado quando os filhos de Israel ficarão por muito tempo sem reis, sem príncipes, sem sacrifícios, sem altar e sem éfode." Em suma, os nabis, os videntes, os profetas, quase nunca predizem sem figurar por um sinal a coisa predita.

Jeremias, portanto, não faz mais do que se conformar ao costume, amarrando-se com cordas e colocando coleiras e cangas nas costas, para significar a escravidão daqueles a quem ele enviava essas mensagens. Notemos que aqueles tempos são como os de um mundo antigo, diferindo em tudo do moderno; a vida civil, as leis, a forma de fazer a guerra, as cerimônias da religião, tudo é absolutamente diferente. Basta abrir Homero e o primeiro livro de Heródoto para nos convencermos de que não temos nenhuma semelhança com os povos da Alta Antiguidade e que devemos desconfiar do nosso julgamento quando procuramos comparar os costumes deles com os nossos.

A própria natureza não era o que é hoje. Os magos tinham sobre ela um poder que já não têm: encantavam cobras, evocavam os mortos etc. Deus enviava sonhos e os homens os explicavam. O dom de profecia era comum. Viam-se metamorfoses como as de Nabucodonosor transformado em boi, da mulher de Ló em estátua de sal, de cinco cidades em um lago betuminoso.

Havia espécies de homens que não existem mais. A raça dos gigantes refains, enins, nefilins, enaquins desapareceu. Santo Agostinho, no

"Dei todas as vossas terras a Nabucodonosor, rei da Babilônia, meu servo."²⁶ Eis um rei idólatra declarado servo de Deus e seu favorito.

O mesmo Jeremias, que o melqui, ou régulo judeu, Zedequias, havia colocado na masmorra, tendo obtido seu perdão de Zedequias, o aconselha, em nome de Deus, a se render ao rei da Babilônia: "Se fordes vos render a seus oficiais", diz ele, "vossa alma viverá."²⁷ Enfim, Deus, portanto, toma o partido de um rei idólatra; entrega a ele a arca, cuja simples visão custou a vida de cinquenta mil e setenta judeus; entrega a ele o Santo dos Santos e o resto do templo, cuja construção custara cento e oito mil talentos de ouro, um milhão e dezessete mil talentos de prata e dez mil dracmas de ouro, deixados por Davi e seus oficiais para a construção da casa do Senhor; o que, sem contar os dinheiros empregados por Salomão, totaliza a soma de dezenove bilhões e sessenta e dois milhões, ou aproximadamente, pelo valor de hoje. Nunca a idolatria foi tão recompen-

---

livro V da *Cidade de Deus*, diz ter visto o dente de um antigo gigante, do tamanho de uma centena de nossos molares. Ezequiel (cap.27, v.2) fala dos pigmeus gamadins, de um côvado de altura, que combateram no cerco de Tiro: e em quase tudo isso os autores sagrados estão de acordo com os profanos. As doenças e os remédios não eram os mesmos de hoje: os possuídos eram curados com a raiz chamada *barad* incrustada em um anel que lhes era posto sob os narizes. Enfim, todo esse mundo antigo era tão diferente do nosso que nenhuma regra de conduta pode ser extraída dele; e se, naquela remota Antiguidade, os homens perseguiram e oprimiram uns aos outros no que diz respeito a seus cultos, não deveríamos imitar essa crueldade sob a lei da graça.

26 *Jeremias*, cap.27, v.6.
27 *Jeremias*, cap.27, v.12.

sada. Sei que essa conta é exagerada, que há provavelmente um erro de copista; mas reduzindo a soma à metade, a um quarto, até mesmo a um oitavo, ainda assim ela espanta. Não ficamos menos surpresos com as riquezas que Heródoto diz ter visto no templo de Éfeso. Enfim, os tesouros nada são aos olhos de Deus, e o nome de seu servidor, dado a Nabucodonosor, é o verdadeiro tesouro inestimável.

Deus[28] não favorece menos o quir,[29] ou coresh, ou cosroes, que chamamos de Ciro; ele o chama de *seu cristo, seu ungido*, embora não tivesse sido ungido, segundo o sentido comum desta palavra, e seguisse a religião de Zoroastro; chama-o de *seu pastor*, embora fosse um usurpador aos olhos dos homens: não há em toda a sagrada Escritura um sinal maior de predileção.

Lê-se em Malaquias que "do levante ao poente o nome de Deus é grande nas nações, e que lhes são oferecidas puras oblações em todos os lugares". Deus cuida tanto dos ninivitas idólatras quanto dos judeus; ele os ameaça e os perdoa. Melquisedeque, que não era judeu, era sacrificador de Deus. Balaão, um idólatra, era profeta. A Escritura, portanto, nos ensina que Deus não apenas tolerou todos os outros povos, mas que tinha um cuidado paterno por eles: e nós ousamos ser intolerantes!

---

28 *Isaías*, cap.44 e 45.
29 Aqui, talvez, confusão: Quir era uma região do império Sassânida, e não um título ou nome. (N. T.)

XIII
Extrema tolerância dos judeus

Assim, portanto, sob Moisés, sob os juízes, sob os reis, vedes sempre exemplos de tolerância. Há bem mais: Moisés diz várias vezes que "Deus pune os pais nos filhos, até à quarta geração": esta ameaça era necessária a um povo a quem Deus não tinha revelado nem a imortalidade da alma, nem as penas e as recompensas em uma outra vida. Essas verdades não lhe foram anunciadas nem no Decálogo, nem em lei alguma do *Levítico* e do *Deuteronômio*. Eram dogmas dos persas, dos babilônios, dos egípcios, dos gregos, dos cretenses; mas de forma alguma constituíam a religião dos judeus. Moisés não disse: "Honra teu pai e tua mãe, se quiseres ir ao céu"; mas, "Honra teu pai e tua mãe, para viveres muito tempo sobre a terra": ele os ameaça apenas com males corporais,[1] sarna seca, sarna purulenta, úlceras malignas nos joelhos e na barriga das pernas, de ficarem expostos às infidelidades de suas esposas, de não tomarem empréstimo com usura a estrangeiros, e não emprestarem com usura; perecerem de fome e serem obrigados a comer seus filhos. Mas em

---

[1] *Deuteronômio*, cap.28.

nenhum lugar ele lhes diz que suas almas imortais sofreriam tormentos após a morte ou gozariam de felicidades. Deus que, ele próprio, conduzia seu povo, punia ou recompensava imediatamente após suas boas ou más ações. Tudo era temporal; e esta é a prova que o erudito bispo Warburton fornece para demonstrar que a lei dos judeus era divina:[2] porque o próprio

---

2 Há uma única passagem nas leis de Moisés, da qual se poderia concluir que ele era instruído a respeito da opinião reinante entre os egípcios, de que a alma não morre com o corpo: esta passagem é muito importante, está no cap.18 de *Deuteronômio*: "Não consultai os adivinhos que predizem inspecionando as nuvens, que encantam as serpentes, que consultam o espírito de Píton, os videntes, os conhecedores que interrogam os mortos, e lhes perguntam a verdade."
Parece, por esta passagem, que se se evocasse as almas dos mortos este pretenso sortilégio pressuporia a permanência das almas. Também é possível que os magos de quem Moisés fala, sendo apenas enganadores grosseiros, não tivessem uma ideia clara do sortilégio que acreditavam operar. Eles faziam parecer que forçavam os mortos a falarem, que, por meio de sua magia, os restauravam ao estado em que esses corpos se encontravam quando vivos; sem examinar sequer se se poderia ou não inferir de suas operações ridículas o dogma da imortalidade da alma. Os magos nunca foram filósofos; sempre foram saltimbancos estúpidos que atuavam diante de imbecis.
Pode-se notar também que é muito estranho que a palavra Píton seja encontrada no *Deuteronômio*, muito antes que esta palavra grega pudesse ser conhecida pelos hebreus: também o termo Píton não está no hebraico, do qual não temos nenhuma tradução exata. Essa língua tem dificuldades intransponíveis: é uma mistura de fenício, egípcio, sírio e árabe; e essa mistura antiga está muito alterada hoje. O hebraico sempre teve apenas dois modos para os verbos, o presente e o futuro: os outros modos devem ser adivinhados pelo significado. Vogais diferentes eram frequentemente expressas pelos mesmos caracteres, ou melhor, não expressavam as vogais; e os inventores dos pontos apenas aumentaram a dificuldade. Cada ad-

Deus, sendo o rei deles, fazendo justiça imediatamente após a transgressão ou obediência, não tinha necessidade de revelar-lhes uma doutrina que reservava para o momento em que já não governaria o seu povo. Aqueles que, por ignorância, pretendem que Moisés ensinava a imortalidade da alma, privam o Novo Testamento de uma das suas maiores vantagens sobre o Antigo. É claro que a lei de Moisés só anunciava punições temporais até a quarta geração. Porém, apesar da afirmação precisa desta lei, apesar do enunciado expresso de Deus, de que puniria até a quarta geração, Ezequiel[3] anuncia exatamente o oposto dos judeus, e lhes diz que o filho não carregará a iniquidade de seu pai:[4] chega mesmo a fazer Deus dizer que lhes dera "preceitos que não eram bons".[5]

---

    vérbio tem vinte significados diferentes. A mesma palavra é tomada em sentidos contrários.

    Acrescente-se a este constrangimento a aridez e a pobreza da linguagem: os judeus, privados das artes, não podiam expressar o que ignoravam. Em uma palavra, o hebraico está para o grego assim como a língua de um camponês está para a de um acadêmico.

3 *Ezequiel*, cap.18, v.20.
4 *Ezequiel*, cap.20, v.25.
5 O sentimento de Ezequiel finalmente prevaleceu na sinagoga; mas sempre houve judeus que, embora acreditassem nos castigos eternos, também acreditavam que Deus prolongava sobre os filhos as iniquidades dos pais. Hoje eles são punidos para além da quinquagésima geração e têm ainda as penas eternas a temer. Pergunta-se como os descendentes dos judeus, que não foram cúmplices da morte de Jesus Cristo, os que estiveram em Jerusalém sem participar dela e os que foram espalhados pelo resto da terra, podem ser punidos temporalmente em seus filhos, tão inocentes quanto seus pais? Este castigo temporal, ou melhor, esta forma de existir diferente dos outros povos, fazendo comércio sem ter pátria, não pode ser vista como um

O livro de Ezequiel não deixou de ser incluído no cânone dos autores inspirados por Deus: é verdade que a sinagoga não permitia sua leitura antes dos 30 anos, como nos ensina São Jerônimo; mas era por medo de que os jovens abusassem das pinturas demasiado ingênuas que se encontram nos capítulos 16 e 23 da libertinagem das duas irmãs Oolá e Oolibá. Numa palavra, seu livro foi sempre aceito, apesar da sua contradição formal com Moisés.

Enfim,[6] quando a imortalidade da alma se tornou um dogma aceito, o que provavelmente começou na época do cativeiro

---

    castigo em comparação com as penas eternas que eles atraem por sua incredulidade, e que podem evitar por meio de uma conversão sincera.

6 Aqueles que quiseram encontrar no Pentateuco a doutrina do inferno e do paraíso, tal como os concebemos, foram estranhamente enganados: o erro deles baseia-se apenas numa vã disputa de palavras; tendo a Vulgata traduzido a palavra hebraica *seol*, a fossa, por *infernum*, e a palavra latina *infernum* tendo sido traduzida para o francês por *enfer*, usamos esse equívoco para fazer crer que os antigos hebreus tinham a noção do *hades* e do *tártaro* dos gregos, que as outras nações tinham conhecido anteriormente por outros nomes. É relatado, no capítulo 16 de *Números*, que a terra abriu a sua boca sob as tendas de Corá, Datã e Abirão, que os devorou com as suas tendas e os seus bens, e que foram lançados vivos na sepultura, no subterrâneo; certamente não se trata nem das almas destes três hebreus, nem dos tormentos do inferno, nem de uma punição eterna. É estranho que no *Dicionário enciclopédico*, sob o vocábulo *Inferno*, esteja dito que os antigos hebreus *reconheceram sua realidade*; se fosse isto, haveria uma contradição insustentável no Pentateuco. Como seria possível que Moisés falasse, numa passagem isolada e única, sobre as dores após a morte, e não mencionasse isso em suas leis? Cita-se o capítulo 32 do *Deuteronômio*, mas o truncam, ei-lo aqui por inteiro: "e com a vaidade deles; e eu os provocarei com aquele que não é povo, e vou irritá-los com a nação insensata. E um fogo se acendeu no meu furor e arderá até as profundezas da terra; ele

da Babilônia, a seita dos saduceus sempre persistiu em acreditar que não havia nem sofrimentos nem recompensas após a morte, e que a faculdade de sentir e pensar perecia conosco,

---

devorará a terra até seu germe, e queimará os fundamentos das montanhas, e eu reunirei os males sobre eles, e dispararei contra eles as minhas flechas; serão consumidos pela fome, os pássaros os devorarão com mordidas amargas; soltarei sobre eles os dentes das feras que rastejam furiosamente pela terra, e das serpentes."
Existe a menor relação entre essas expressões e a ideia das punições infernais, tal como as concebemos? Parece antes que estas palavras foram relatadas apenas para tornar evidente que o nosso inferno era desconhecido pelos antigos judeus.
O autor desse artigo ainda cita a passagem de *Jó*, no cap.24 (v.15-19). "O olho do adúltero observa as trevas; dizendo: o olho não me verá, e ele cobrirá o seu rosto; perfura as casas nas trevas como o faz durante o dia, e eles ignoraram a luz; se a aurora aparece subitamente, eles acreditam que seja a sombra da morte, e assim caminham nas trevas como na luz; pois são leves na superfície da água; que sua parte seja amaldiçoada na terra, que não andem pelo caminho da videira, que passem das águas da neve ao calor extremo; e pecaram até a sepultura", ou então, "a sepultura dissipou os que pecam", ou ainda (de acordo com a Septuaginta), "o pecado deles foi conclamado para a memória."
Cito as passagens inteiras e literalmente, sem as quais é sempre impossível formar uma ideia verdadeira delas.
Existe aí, pergunto-vos, a menor palavra da qual possamos concluir que Moisés havia ensinado aos judeus a doutrina clara e simples de punições e recompensas após a morte?
O livro de *Jó* não tem ligação alguma com as leis de Moisés. Além disso, é muito provável que Jó não fosse judeu; esta é a opinião de São Jerônimo em suas questões hebraicas sobre o *Gênesis*. A palavra *Satã*, que está em *Jó* (cap.1, v.1, v.6, v.12), não era conhecida pelos judeus, e nunca a encontrais no Pentateuco. Os judeus só aprenderam este nome na Caldeia, assim como os nomes de Gabriel e Rafael, desconhecidos antes da escravidão na Babilônia. *Jó* é, portanto, citado aqui de forma muito inadequada.

como a força ativa, o poder de caminhar e de digerir. Negavam a existência de anjos. Diferiam muito mais dos outros judeus do que os protestantes diferem dos católicos; nem por isso

---

Relata-se ainda o último capítulo de *Isaías* (v.23-24): "E de mês em mês, e de Shabat em Shabat, toda a carne virá me adorar, diz o Senhor; e eles sairão, e verão nas estradas os cadáveres dos que cometeram crimes; o verme deles não morrerá, seu fogo não se apagará e ficarão expostos aos olhos de toda carne até a saciedade." Certamente se forem jogados na sarjeta, se forem expostos à vista dos transeuntes até a saciedade, se forem comidos pelos vermes, isso não significa que Moisés ensinou aos judeus o dogma da imortalidade da alma; e estas palavras, *o fogo não se apagará*, não significam que os cadáveres expostos à vista do povo sofrem os castigos eternos o inferno. Como podemos citar uma passagem de *Isaías* para provar que os judeus da época de Moisés receberam o dogma da imortalidade da alma? Isaías profetizou, segundo o cálculo hebraico, o ano do mundo 3380. Moisés vivia por volta do ano 2500; oito séculos decorreram entre um e outro. É um insulto ao bom senso, ou uma pura piada, abusar assim da permissão para citar, e pretender provar que um autor tinha tal opinião, através de uma passagem de um autor que veio oitocentos anos depois, e que absolutamente não falou desta opinião. É indubitável que a imortalidade da alma, os castigos e recompensas após a morte são anunciados, reconhecidos e anotados no Novo Testamento, e não há dúvida de que não são encontrados em nenhum lugar do Pentateuco; é o que o grande Arnauld diz claramente e com força em sua apologia de Port-Royal.
Os judeus, acreditando depois na imortalidade da alma, não foram esclarecidos sobre a sua espiritualidade; pensavam, como quase todas as outras nações, que a alma é algo sutil, aérea, uma substância leve, que conservava alguma aparência do corpo que havia animado; é o que se chamava de *sombras*, os *manes dos corpos*. Esta opinião foi a de vários pais da Igreja. Tertuliano, em seu cap.22 sobre a *Alma*, se expressa assim: "*Definimus animam Dei flatu natam, immortalem, corporalem, effigiatam, substantia simplicem*; Definimos a alma nascida do sopro de Deus, imortal, corpórea, figurada, simples em sua substância."

deixaram de ficar na comunhão de seus irmãos: até mesmo grandes sacerdotes surgiram da seita deles.

Santo Irineu diz em seu livro II, cap.34: *"Incorporales sunt animæ quantum ad comparationem mortalium corporum*; As almas são incorpóreas em comparação com os corpos mortais." Acrescenta que "Jesus Cristo ensinou que as almas conservam as imagens do corpo; *Caracterem corporum in quo adoptantur* etc." Não vemos que Jesus Cristo alguma vez tenha ensinado esta doutrina, e é difícil adivinhar o sentido de Santo Irineu. Santo Hilário é mais formal e mais positivo em seu comentário sobre São Mateus: ele atribui claramente à alma uma substância corpórea: *"Corpoream naturæ suæ substantiam sortiuntur."* [Elas adquirem uma substância corpórea de sua própria natureza.]
Santo Ambrósio sobre Abraão, liv.II, cap.8, pretende que não há nada liberado de matéria, exceto a substância de Santa Trindade.
Esses homens respeitáveis poderiam ser criticados por terem uma filosofia ruim; mas é de crer que, no fundo, a teologia deles era muito sadia, pois não conhecendo a natureza incompreensível da alma, asseguraram que era imortal e a queriam cristã.
Sabemos que a alma é espiritual, mas não sabemos em absoluto o que é o espírito. Conhecemos a matéria de forma muito imperfeita e é-nos impossível ter uma ideia distinta do que não é matéria. Muito pouco instruídos no que toca os nossos sentidos, não podemos saber nada por nós mesmos do que está além dos sentidos. Transportamos algumas palavras da nossa linguagem comum para os abismos da metafísica e da teologia, para nos dar uma ligeira ideia de coisas que não podemos conceber nem exprimir; procuramos apoiar-nos com estas palavras, para apoiar, se possível, a nossa fraca compreensão nestas regiões ignoradas.
Assim empregamos a palavra *espírito*, que corresponde a *sopro* e *vento*, para expressar algo que não é matéria; e esta palavra *sopro, vento, espírito*, levando-nos, a despeito de nós mesmos, à ideia de uma substância sutil e leve, ainda tiramos dela o que podemos, para conseguirmos conceber a espiritualidade pura; mas nunca chegamos a uma noção distinta: nem sequer sabemos o que dizemos quando pronunciamos a palavra *substância*; quer dizer, literalmente, o que está por baixo, e por essa razão nos adverte que é incompreensível: pois o que, de fato,

Os fariseus acreditavam na fatalidade[7] e na metempsicose.[8] Os essênios pensavam que as almas dos justos iam para as ilhas

> quer dizer o que está por baixo? O conhecimento dos segredos de Deus não é compartilhado nesta vida. Mergulhados aqui em trevas profundas, lutamos uns contra os outros e golpeamos ao acaso no meio desta noite, sem saber precisamente pelo que combatemos.
> Se quisermos refletir cuidadosamente sobre tudo isso, não há homem razoável que não conclua que devemos ter indulgência pelas opiniões dos outros, e merecê-las.
> Todas estas observações não deixam de estar relacionadas com o cerne da questão, que consiste em saber se os homens devem tolerar-se uns aos outros: pois se elas provam o quanto houve de engano tanto de um lado como de outro em todos os tempos, provam que os homens sempre tiveram de tratar um ao outro com indulgência.
>
> 7 O dogma da fatalidade é antigo e universal: sempre o encontrais em Homero. Júpiter queria salvar a vida de seu filho Sarpedão; mas o destino o condenou à morte; Júpiter só pôde obedecer. Para os filósofos, o destino ou era o encadeamento necessário de causas e efeitos necessariamente produzidos pela natureza, ou este mesmo encadeamento ordenado pela Providência, o que é muito mais razoável. Todo o sistema de fatalidade está contido neste verso de Anneus Sêneca: *Ducunt volentem fata, nolentem trahunt* [O destino guia aquele que está disposto, arrasta aquele que é relutante].
> Sempre se concordou que Deus governava o universo por leis eternas, universais e imutáveis: esta verdade foi a fonte de todas essas disputas ininteligíveis sobre a liberdade, porque a liberdade nunca foi definida até a chegada do sábio Locke: ele provou que a liberdade é o poder de agir. Deus dá esse poder, e o homem, agindo livremente de acordo com as ordens eternas de Deus, é uma das rodas da grande máquina do mundo. Toda a Antiguidade debateu sobre a liberdade; mas ninguém foi perseguido neste assunto até os nossos dias. Que horror absurdo ter prendido e exilado por causa desta disputa, um Arnauld, um Sacy, um Nicole, e tantos outros que foram a luz da França!
>
> 8 O romance teológico da metempsicose tem origem na Índia, de onde recebemos muito mais fábulas do que geralmente se acredita. Esse dogma é explicado no admirável décimo quinto livro das

afortunadas,⁹ e as dos malvados para uma espécie de tártaro. Eles não realizavam sacrifícios; reuniam-se entre si em uma determinada sinagoga. Em uma palavra, quando se quer examinar de perto o judaísmo, fica-se surpreendido ao encontrar a maior tolerância, no meio dos horrores mais bárbaros. É uma contradição, é verdade; quase todos os povos foram governados por contradições. Feliz é aquela que conduz a costumes suaves, quando se tem leis de sangue!

Metamorfoses de Ovídio. Foi recebido em quase toda a terra: sempre foi combatido; mas não vemos nunca que algum sacerdote da Antiguidade jamais tenha feito decretar um mandado de prisão a um discípulo de Pitágoras.

9 Nem os antigos judeus, nem os egípcios, nem seus contemporâneos gregos acreditavam que a alma do homem iria para o céu após sua morte. Os judeus pensavam que a Lua e o Sol estavam algumas léguas acima de nós, no mesmo círculo, e que o firmamento era uma abóbada espessa e sólida que suportava o peso das águas, que vazavam por certas aberturas. O palácio dos deuses, entre os antigos gregos, ficava no monte Olimpo. A morada dos heróis, após a morte, era, no tempo de Homero, numa ilha para além do oceano, e esta era a opinião dos essênios.

Desde Homero que os planetas foram atribuídos aos deuses; mas não era mais razoável os homens colocarem um Deus na Lua do que os habitantes da Lua colocarem um Deus no planeta Terra. Juno e Íris não tinham outro palácio além das nuvens; não havia ali lugar para descansar o pé. Entre os sabeus, cada deus tinha a sua estrela; mas uma estrela sendo um sol, não há como habitar ali, a menos que se pertença à natureza do fogo. É, portanto, uma questão muito inútil perguntar o que os antigos pensavam do céu; a melhor resposta é que eles não pensavam.

XIV
Se a intolerância foi ensinada por Jesus Cristo

Vejamos agora se Jesus Cristo estabeleceu leis sanguinárias, se ordenou a intolerância, se mandou construir as masmorras da Inquisição, se instituiu os carrascos dos autos de fé.

Existem, se não me engano, bem poucas passagens nos Evangelhos das quais o espírito perseguidor poderia inferir que a intolerância e a coerção são legítimas. Uma é a parábola em que o reino dos céus é comparado a um rei que convida pessoas para as núpcias de seu filho: esse monarca faz com que seus servos digam: "Matei meus bois e minhas aves, está tudo pronto, venham para as bodas."[1] Alguns, sem se importar com o convite, vão para suas casas campo, outros aos seus negócios, outros insultam os servos do rei e os matam. O rei manda os seus exércitos marcharem contra esses assassinos e destrói a cidade deles; manda, pelas estradas, convidar para o festim todos os que forem encontrados: um deles, sentado à mesa sem usar a roupa de festa, é preso com ferros e lançado nas trevas exteriores.

---
1 *São Mateus*, cap.22.

É claro que esta alegoria diz respeito apenas ao reino dos céus, e nenhum homem, seguramente, deve ter o direito de garrotear ou pôr na masmorra o seu vizinho que teria vindo cear com ele sem ter uma roupa de festa adequada; e não conheço na história nenhum príncipe que tenha mandado enforcar um cortesão por tal razão; nem se deve temer que, quando o imperador enviar pajens aos príncipes do império para rogar-lhes que venham jantar, esses príncipes matem os pajens. O convite ao festim significa a pregação salvífica; o assassinato dos enviados do príncipe representa a perseguição contra aqueles que pregam a sabedoria e a virtude.

A outra parábola é a de um particular[2] que convida seus amigos para uma grande ceia; e quando está pronto para se pôr à mesa, envia seu servo para avisá-los. Um se desculpa porque comprou uma terra e vai visitá-la; esta desculpa não parece válida, não é durante a noite que se vai ver sua terra. Outro diz que comprou cinco pares de bois e que deve testá-los; ele tem o mesmo defeito que o outro; não se testam bois na hora da ceia. Um terceiro responde que acaba de se casar e certamente sua desculpa é muito admissível. O pai de família, irado, chama os cegos e os mancos para seu festim; e vendo que ainda há lugares vazios, diz ao seu criado: "Ide pelas estradas principais, e ao longo das sebes, e forçai o povo a entrar."

É verdade que não é dito expressamente que esta parábola seja uma figura do reino dos céus. Estas palavras foram abusadas demais: *Força-os a entrar*; mas é visível que um único criado não pode obrigar pela força todas as pessoas que encontra a vir cear com seu patrão; além disso, convidados assim forçados

---

[2] *São Lucas*, cap.14.

não tornariam a refeição muito agradável. *Força-os a entrar* não significa outra coisa, segundo os comentaristas mais credenciados, senão: rezai, conjurai, pressionai, obtende. Que relação, pergunto-vos, dessa solicitação e desta ceia com a perseguição?

Se se tomam as coisas literalmente, será preciso ser cego, coxo e conduzido à força para estrar no seio da Igreja? Jesus diz na mesma parábola: "Não deis jantar nem aos vossos amigos ou aos vossos parentes ricos." Há alguém que já tenha inferido disso, que não se deve de fato jantar com os parentes e amigos assim que eles tenham um pouco de fortuna?

Jesus Cristo, depois da parábola do festim, diz:[3] "Se alguém vem a mim e não odeia seu pai, sua mãe, seus irmãos, suas irmãs e até a sua própria alma, não pode ser meu discípulo etc. Pois quem dentre vós, querendo construir uma torre, não calcula a despesa de antemão?" Existe alguém no mundo tão desnaturado a ponto de concluir que é preciso odiar o pai e a mãe? E não é fácil compreender o que estas palavras significam: Não hesite entre mim e os seus mais queridos afetos?

Cita-se a passagem de São Mateus:[4] "Quem não escuta a Igreja é como um pagão e como um coletor de alfândega." Isto não significa certamente que devamos perseguir os pagãos e os coletores dos impostos do rei; eles são amaldiçoados, é verdade, mas não estão, de modo algum, entregues ao braço secular. Longe de privar estes coletores de qualquer prerrogativa de cidadão, foram-lhes concedidos os maiores privilégios; é a única profissão condenada nas Escrituras e é a mais favorecida pelos governos. Por que então não deveríamos ter a mesma

---

3 *São Lucas*, cap.14, v.26 e seguintes.
4 *São Mateus*, cap.8, v.17.

indulgência para com nossos irmãos que erram quanto para aqueles aos quais prodigamos consideração, os nossos irmãos, os fiscais de impostos?

Outra passagem, que tem sido grosseiramente mal interpretada, é a de São Mateus e São Marcos, onde é dito que Jesus, tendo fome pela manhã, aproximou-se de uma figueira, onde encontrou apenas folhas: pois não era tempo de figos: amaldiçoou a figueira que secou imediatamente.

Várias explicações diferentes são dadas para este milagre: mas existe alguma delas que possa autorizar a perseguição? Uma figueira não dava figos no início de março, secaram-na: será isso motivo para fazer os nossos irmãos murcharem de dor em todas as épocas do ano? Respeitemos nas Escrituras tudo o que pode dar origem a dificuldades nas nossas mentes curiosas e vaidosas, mas não abusemos disso para nos tornarmos duros e implacáveis.

O espírito persecutório, que abusa de tudo, busca ainda sua justificativa na expulsão dos mercadores escorraçados do templo, e na legião de demônios enviados do corpo de um possuído para o corpo de dois mil animais imundos. Mas quem não vê que estes dois exemplos nada mais são do que uma justiça que o próprio Deus se digna fazer por uma violação da lei? Seria um desrespeito para com a casa do Senhor transformar o seu adro num mercado? Em vão o Sinédrio e os sacerdotes permitiram esse comércio para a conveniência dos sacrifícios; o Deus a quem se sacrificava podia, sem dúvida, embora oculto sob forma humana, destruir esta profanação: poderia igualmente punir aqueles que introduziam rebanhos inteiros no país, proibidos por uma lei da qual ele próprio se dignou ser observador. Estes exemplos não têm a menor ligação com perseguições em questões de dogma. É preciso que o espírito de intolerância esteja baseado em péssimas razões, pois procura em todo o lado os pretextos mais vãos.

Quase todas as demais palavras e ações de Jesus Cristo pregam mansidão, paciência, indulgência. É o pai de família que recebe o filho pródigo; é o trabalhador que chega na última hora e é pago como os outros; é o samaritano caridoso; ele próprio justifica seus discípulos por não jejuarem; ele perdoa à pecadora; contenta-se em recomendar fidelidade à mulher adúltera; digna-se até a condescender com a alegria inocente dos convidados de Caná, que, já aquecidos pelo vinho, pedem mais; ele, condescende em fazer um milagre a favor deles, transforma água em vinho.

Ele nem mesmo se enfurece contra Judas, que o trairá; ordena que Pedro nunca use a espada; repreende os filhos de Zebedeu, que, seguindo o exemplo de Elias, quiseram fazer cair fogo do céu sobre uma cidade que não quisera hospedá-lo.

Enfim, ele morre vítima da inveja. Se ousarmos comparar o sagrado e o profano, e um Deus com um homem, a sua morte, humanamente falando, tem muitas relações com a de Sócrates. O filósofo grego pereceu devido ao ódio dos sofistas, dos sacerdotes e dos líderes do povo: o legislador dos cristãos sucumbiu sob ódio dos escribas, dos fariseus e dos sacerdotes. Sócrates podia evitar a morte e não o quis: Jesus Cristo ofereceu-se voluntariamente. O filósofo grego perdoou não apenas seus caluniadores e seus juízes iníquos, mas pediu a eles que, um dia, tratassem seus filhos como ele próprio, caso seus filhos fossem felizes o bastante para merecer o ódio deles, assim como ele próprio foi alvo de ódio: o legislador dos cristãos, que era infinitamente superior, pediu a seu pai que perdoasse seus inimigos.

Se Jesus Cristo pareceu temer a morte, se a angústia que sentiu foi tão extrema que lhe provocou suor misturado com sangue, que é o sintoma mais violento e mais raro, é porque se dignou a rebaixar-se a toda a fraqueza do corpo humano que havia assumido. Seu corpo tremia e sua alma era inabalável; ele nos ensinava que a verdadeira força, a verdadeira grandeza consiste em suportar os males sob os quais nossa natureza sucumbe. Há extrema coragem em correr em direção à morte enquanto a tememos.

Sócrates havia tratado os sofistas como ignorantes, e demonstrara a má-fé que era a deles: Jesus,[5] usando seus direitos divinos, tratou os escribas e os fariseus como hipócritas, insensatos, cegos, malvados, serpentes, raça de víboras.

Sócrates não foi acusado de querer fundar uma nova seita; não se acusou Jesus Cristo de ter querido introduzir uma.[6] É dito que os príncipes dos sacerdotes e todo o Conselho procuraram falsos testemunhos contra Jesus para fazê-lo perecer.

Ora, se buscavam um falso testemunho, não o censuravam de ter pregado publicamente contra a lei. Com efeito, esteve sujeito à lei de Moisés desde sua infância até sua morte: circuncidaram-no ao oitavo dia, como todas as outras crianças. Se depois foi batizado no Jordão, tratava-se de uma cerimônia consagrada entre os judeus, como entre todos os povos do Oriente. Todas as manchas legais eram limpas pelo batismo; assim se consagravam os sacerdotes: mergulhava-se na água durante festa da expiação solene, batizava-se os prosélitos.

---

5 *São Mateus*, cap.23.
6 *São Mateus*, cap.26, v.59.

Tratado sobre a tolerância

Jesus observou todos os pontos da lei; celebrou todos os dias do Shabat; absteve-se de carnes proibidas; celebrou todas as festas; e mesmo antes de sua morte celebrou a Páscoa: não o acusaram de nenhuma opinião nova, nem de ter observado nenhum rito estrangeiro. Nascido israelita, viveu constantemente como israelita.

Duas testemunhas que se apresentaram acusaram-no de ter dito "que poderia destruir o templo e reerguê-lo em três dias". Tal discurso era incompreensível para os judeus carnais, mas não era uma acusação de querer fundar uma nova seita.

O sumo sacerdote interrogou-o, e disse-lhe: "Ordeno-te pelo Deus vivo que nos digas se tu és o Cristo, filho de Deus." Não nos é dito o que o sumo sacerdote entendia por *filho de Deus*. Esta expressão às vezes era empregada para significar um justo,[7] assim como se empregava a expressão *filho de Belial*, para significar um malvado. Os judeus rudes não tinham ideia alguma do mistério sagrado de um filho de Deus, Deus ele próprio, vindo à terra.

---

7 Era, com efeito, muito difícil para os judeus, para não dizer impossível, compreenderem, sem uma revelação particular, este mistério inefável da encarnação do filho de Deus, Deus ele próprio. O *Gênesis* (cap.6) chama de *filhos de Deus* os filhos dos homens poderosos: da mesma forma, os grandes cedros nos *Salmos* (cap.79, v.11) são chamados de *cedros de Deus*. Samuel (Livro I dos *Reis*, cap.16, v.15) diz que um *pavor de Deus* caiu sobre o povo, ou seja, um grande pavor; um grande vento é um *vento de Deus*; a doença de Saul, a *melancolia de Deus*. Contudo, parece que os judeus entenderam literalmente que Jesus chamava a si mesmo de filho de Deus no sentido literal; mas consideraram estas palavras como blasfêmia, talvez seja ainda uma prova da ignorância que tinham do mistério da encarnação e de Deus, filho de Deus, enviado à terra para a salvação dos homens.

Jesus respondeu: "Vós o dissestes; mas eu vos digo que em breve verão o Filho do Homem sentado à direita da virtude de Deus, vindo sobre as nuvens do céu."

Esta resposta foi considerada pelo irritado Sinédrio como uma blasfêmia. O Sinédrio não tinha mais o direito ao gládio: levaram Jesus perante o governador romano da província, e acusaram-no caluniosamente de ser um perturbador da paz pública, que dizia que não se devia pagar o tributo a César, e que também se declarava rei dos judeus. É, portanto, da maior evidência que ele foi acusado de um crime de Estado.

O governador Pilatos, tendo sabido que ele era galileu, primeiro o encaminhou a Herodes, tetrarca da Galileia. Herodes acreditava que era impossível que Jesus pudesse aspirar a tornar-se o chefe de um partido e pretendesse à realeza; tratou-o com desprezo, e mandou-o de volta a Pilatos, que teve a indigna fraqueza de condená-lo, para apaziguar o tumulto excitado contra ele próprio, especialmente porque já havia sofrido uma revolta dos judeus, como nos conta José. Pilatos não teve a mesma generosidade que o governador Festo manifestou depois.

Pergunto agora: é a tolerância, ou a intolerância, de direito divino? Se quiserdes assemelhar a Jesus Cristo, sede mártir, não carrasco.

XV
Testemunhos contra a intolerância

É uma impiedade tirar a liberdade dos homens em matéria de religião, impedi-los de escolher uma divindade; nenhum homem, nenhum Deus aceitaria um serviço forçado. (*Apologética*, cap.24.)

Se se empregasse a violência para defender a fé, os bispos opor-se-iam. (Santo Hilário, livro I.)

A religião forçada não é mais religião; é preciso persuadir, e não coagir. Não se impõe religião. (Lactâncio, livro 3.)

É uma execrável heresia querer arrastar pela força, pancadas, prisão, aqueles que não se pôde convencer pela razão. (Santo Atanásio, livro I.)

Nada é mais contrário à religião do que a coerção. (São Justino, mártir, livro 5.)

Perseguiremos aqueles a quem Deus tolera? diz Santo Agostinho, antes que sua querela com os donatistas o tivesse tornado severo demais.

Que não se faça violência alguma aos judeus. (*4º Concílio de Toledo*, 56º cânon.)

Aconselhai e não forçai. (*Carta de São Bernardo.*)

De modo algum pretendemos destruir os erros pela violência. (*Discurso do clero da França a Luís XIII.*)

Sempre desaprovamos os procedimentos intransigentes. (*Assembleia do clero*, 11 de agosto de 1560.)

Sabemos que fé se convence, não se impõe. (Fléchier, bispo de Nîmes, *carta* 19.)

Não se deve sequer usar de termos insultantes. (Bispo Du Belley em uma *Instrução pastoral.*)

Lembrai de que não se curam as doenças da alma por meio da coação e da violência. (Cardeal le Camus, *Instrução Pastoral* de 1688.)

Concedei a todos a tolerância civil. (Fénelon, arcebispo de Cambrai, *ao duque da Borgonha.*)

A imposição forçada de uma religião é uma prova evidente de que o espírito que a conduz é um espírito inimigo da verdade. (Dirois, doutor da Sorbonne, livro 6, cap.4.)

A violência pode criar hipócritas; não se consegue persuadir quando ameaças ecoam por toda parte. (Tillemont, *Hist. Eccl.*, tomo 6.)

Pareceu-nos conforme com a equidade e com a razão reta seguir os passos da antiga Igreja, que nunca usou a violência para estabelecer e expandir a religião. (*Admoestação do Parlamento de Paris a Henrique II.*)

A experiência nos ensina que a violência é mais capaz de irritar do que de curar um mal enraizado no espírito etc. (De Thou, *Epístola Dedicatória a Henrique IV.*)

Não se inspira a fé por meio de golpes de espada. (Cérisier, *Sobre os reinados de Henrique IV e Luís XIII.*)

É um zelo bárbaro aquele que pretende plantar a religião nos corações, como se a persuasão pudesse ser o efeito da coerção. (Boulainvilliers, *Estado da França.*)

A religião é como com o amor; o comando não tem poder sobre ela, a coação ainda menos; nada mais independente do que amar e acreditar. (Amelot de la Houssaye, nas *Cartas do cardeal d'Ossat*.)

Se o céu vos amou o suficiente para vos mostrar a verdade, concedeu-vos uma grande graça: mas cabe àqueles que têm a herança de seu pai odiar os que não a têm? (*Espírito das leis*, livro 25.)

Poder-se-ia fazer um livro enorme, inteiramente composto por tais passagens. Nossas histórias, nossos discursos, nossos sermões, nossas obras de moral, nossos catecismos respiram e ensinam a todos hoje este dever sagrado da indulgência. Por qual fatalidade, por qual inconsequência desmentiríamos na prática uma teoria que anunciamos todos os dias? Quando nossas ações contradizem nossa moral, é porque acreditamos que há alguma vantagem para nós em fazer o oposto do que ensinamos; mas certamente não há vantagem alguma em perseguir aqueles que não compartilham da nossa opinião e fazê-los nos odiar. Portanto, mais uma vez, a intolerância é absurda. Mas, alguém dirá, aqueles que têm interesse em coagir as consciências não são absurdos. É a eles que se dirige o capítulo seguinte.

XVI
Diálogo entre um moribundo e um homem saudável

Um cidadão estava agonizando em uma cidade de província; um homem gozando de boa saúde veio insultá-lo em seus últimos momentos e disse-lhe:

Miserável! pensa como eu agora, assina este escrito, confessa que cinco proposições estão em um livro que nem tu, nem eu, jamais lemos; tem agora o mesmo ponto de vista de Lanfranco contra Bérenger, de São Tomás contra São Boaventura; apoia o segundo Concílio de Nicéia contra o Concílio de Frankfurt; explica-me já como estas palavras: "Meu pai é maior que eu", significam expressamente: "Eu sou tão grande quanto ele."

Dize-me como o Pai comunica tudo ao Filho, exceto a paternidade, ou mandarei jogar teu corpo na sarjeta; teus filhos não herdarão, tua esposa será privada de seu dote e tua família mendigará o pão que meus iguais não lhe darão.

O moribundo.

Mal ouço o que me dizeis; as ameaças que me fazeis chegam confusas aos meus ouvidos, perturbam minha alma, tornam minha morte horrível. Em nome de Deus, tende piedade de mim!

O bárbaro.

Piedade! Não posso ter se tu não tens a mesma opinião que eu em tudo.

O moribundo.

Ai de mim! percebeis que nestes últimos momentos todos os meus sentidos estão enfraquecidos, todas as portas do meu entendimento estão fechadas, minhas ideias fogem, meu pensamento se extingue. Estaria eu em estado de argumentar?

O bárbaro.

Pois bem, se tu não podes acreditar naquilo que eu quero, dize que acreditas, e isso basta para mim.

O moribundo.

Como posso cometer perjúrio para vos agradar? Aparecerei daqui a pouco diante do Deus que pune o perjúrio.

O bárbaro.

Pouco importa; terás o prazer de seres enterrado em um cemitério, e tua esposa e teus filhos terão o suficiente para viver. Morre como um hipócrita: a hipocrisia é uma boa coisa; é, como dizem, uma homenagem que o vício presta à virtude. Um pouco de hipocrisia, meu amigo, o que isso te custa?

O moribundo.

Ai de mim! desprezais a Deus, ou não o reconheceis, pois me pedis uma mentira à beira da morte, vós que em breve devereis receber dele vosso julgamento, e que respondereis por essa mentira.

O bárbaro.
Como, insolente! Eu não reconheço Deus?

O moribundo.
Perdão, meu irmão, temo que não conheçais nenhum. Aquele que eu adoro reanima, neste momento, minhas forças, para voz dizer com voz moribunda, que, se acreditais em Deus, deveis empregar a caridade para comigo. Ele me deu minha esposa e meus filhos, não os façais perecer na miséria. Quanto ao meu corpo, fazei com ele o que quiser, eu o abandono a vós; mas acreditai em Deus, eu vos peço!

O bárbaro.
Faze, sem argumentar, o que eu te disse; eu o quero, eu o ordeno.

O moribundo.
E que interesse tendes em me atormentar tanto?

O bárbaro.
Como! que interesse? Se eu tiver tua assinatura, isso me renderá um bom canonicato.

O moribundo.
Ah, meu irmão! eis meu último momento; eu morro; rogarei a Deus para que ele vos toque e converta.

O bárbaro.

Vá para o diabo o impertinente que não assinou! Vou assinar por ele e falsificarei sua letra.[1]

A carta seguinte é uma confirmação da mesma moral.

---

[1] Quando se escrevia assim, em 1762, a ordem dos jesuítas não havia sido abolida na França. Se eles tivessem sido infelizes, o autor certamente os teria respeitado. Mas lembrem-se para sempre de que eles só foram perseguidos porque foram perseguidores; e que seu exemplo faça tremer aqueles que, sendo mais intolerantes do que os jesuítas, um dia quereriam oprimir seus concidadãos que não abraçassem suas opiniões duras e absurdas. [Nota adicionada em 1771]

XVII
Carta escrita ao jesuíta Le Tellier, por um beneficiário, em 6 de maio de 1714

Meu reverendo padre,

Obedeço às ordens que Vossa Reverência me deu para apresentar-vos os meios mais adequados de libertar Jesus e sua Companhia de seus inimigos. Creio que restam apenas quinhentos mil huguenotes no reino, alguns dizem um milhão, outros mil e quinhentos; mas, seja qual for o número deles, aqui está minha opinião, que muito humildemente submeto à vossa, como devo.

1º. É fácil pegar em um dia todos os predicantes e enforcá-los todos de uma vez em um só lugar, não apenas para edificação pública, mas pela beleza do espetáculo.

2º. Eu mandaria assassinar em suas camas todos os pais e mães, porque se os matássemos nas ruas, isso poderia causar algum tumulto; vários poderiam mesmo escapar, o que é preciso evitar acima de tudo. Esta execução é um corolário necessário dos nossos princípios; porque se for preciso matar um herege, como provam tantos grandes teólogos, é evidente que é preciso matá-los a todos.

3º. No dia seguinte mandaria casar todas as filhas com bons católicos, visto que não devemos despovoar demais o Estado depois da última guerra; mas no que diz respeito aos meninos de 14 e 15 anos, já imbuídos de maus princípios que não podemos esperar destruir, a minha opinião é que devemos castrá-los a todos, para que essa canalha nunca se reproduza. Quanto aos outros meninos pequenos, serão criados em vossos colégios e serão açoitados até saberem de cor as obras de Sánchez e Molina.

4º. Penso, salvo correção, que o mesmo deve ser feito com todos os luteranos da Alsácia, visto que, no ano de 1704, vi duas velhas daquela região rindo no dia da batalha de Hochstedt.

5º. A questão dos jansenistas talvez pareça um pouco mais embaraçosa; acredito que existam pelo menos seis milhões deles; mas um espírito como o vosso não deveria se assustar com isso. Entre os jansenistas incluo todos os parlamentos que apoiam tão indignamente as liberdades da Igreja galicana. Cabe a Vossa Reverência pesar, com vossa habitual prudência, os meios de subjugar todos esses espíritos rebeldes. A conspiração das pólvoras não teve o desejado sucesso, porque um dos conjurados teve a indiscrição de querer salvar a vida de seu amigo: mas como não tendes amigo algum, esse inconveniente não deve ser temido; vos será muito fácil mandar explodir todos os parlamentos do reino com esta invenção do monge Schwarts, que chamamos de *pulvis pyrius*.[1] Calculo que sejam necessários, um pelo outro, trinta e seis barris de pólvora para cada parlamento; e assim, multiplicando doze parlamentos por trinta e seis barris, obtém-se apenas quatrocentos e trinta e

---

1 Pó de enxofre, ou seja, pólvora. (N. T.)

dois barris, que, a cem coroas cada, perfazem a soma de cento e vinte e nove mil e seiscentas libras; é uma ninharia para o reverendo padre geral.

Uma vez explodidos os parlamentos, dareis os seus cargos aos vossos congregantes, que estão perfeitamente instruídos nas leis do reino.

6º. Será fácil envenenar o sr. cardeal de Noailles, que é um homem simples e que não desconfia de nada.

Vossa Reverência empregará os mesmos meios de conversão com alguns bispos recalcitrantes: os seus bispados serão colocados nas mãos dos jesuítas, mediante um breve do papa; então, estando todos os bispos do lado da boa causa, e todos os párocos habilmente escolhidos pelos bispos, eis o que aconselho, sob o bom prazer de Vossa Reverência.

7º. Como se diz que os jansenistas comungam pelo menos na Páscoa, não seria mau borrifar as hóstias com a droga que foi usada para fazer justiça ao imperador Henrique VII. Algum crítico talvez me diga que nesta operação haveria o risco de também dar o veneno de ratos aos molinistas: esta objeção é forte; mas não há projeto sem inconvenientes, nenhum sistema que não ameace a ruína em algum lugar. Se fôssemos detidos por essas pequenas dificuldades, nunca chegaríamos a nada: e, além disso, como se trata de obter o maior bem que seja possível, não devemos nos escandalizar se este grande bem arrastar consigo algumas consequências más, que não devem ser levadas em consideração.

Não temos nada do que nos censurar: foi demonstrado que todos os pretensos reformados, todos os jansenistas, são destinados ao inferno; portanto, apenas apressamos o momento em que eles devem entrar em posse.

Não é menos claro que o paraíso pertence por direito aos molinistas; portanto, matando-os por engano e sem má intenção, aceleramos a alegria deles: em ambos os casos somos os ministros da Providência.

Quanto àqueles que poderiam ficar um pouco assustados com o número, Vossa Paternidade poderá mostrar-lhes que desde os tempos florescentes da Igreja, até 1707, isto é, durante aproximadamente mil e quatrocentos anos, a teologia provocou o massacre de mais de cinquenta milhões de homens; e que proponho estrangular, ou cortar a garganta, ou envenenar apenas cerca de seis milhões e quinhentos mil.

Talvez ainda nos objetem que a minha conta não está certa e que violo a regra de três; pois, dirão, se em mil e quatrocentos anos pereceram apenas cinquenta milhões de homens por causa de distinções, dilemas e entimemas teológicos, isso equivale a apenas trinta e cinco mil setecentas e quatorze pessoas por ano, com fração; e que com minha proposta estaria matando seis milhões, quatrocentas e sessenta e quatro mil duzentas e oitenta e cinco pessoas a mais, com fração, no presente ano.

Mas, na verdade, esta chicana é muito pueril; podemos até dizer que é ímpia: pois não está claro que, pelo meu procedimento, salvo as vidas de todos os católicos até ao fim do mundo? Nunca faremos nada se quisermos responder a todas as críticas. Sou, com profundo respeito, de Vossa Paternidade,

O muito humilde, muito devoto e muito manso
R... natural de Angoulême, prefeito da Congregação.

Este projeto não pôde ser executado porque foi necessário muito tempo para tomar as medidas corretas, e porque o padre Le Tellier foi exilado no ano seguinte. Mas como é preciso examinar o pró e o contra, é bom investigar em que casos poderíamos legitimamente seguir em parte as opiniões do correspondente do padre Le Tellier. Parece que seria difícil levar a cabo este projeto em todos os seus pontos; mas devemos verificar em que ocasiões devemos supliciar na roda, ou enforcar, ou mandar para as galeras as pessoas que não são de nossa opinião: é o assunto do capítulo seguinte.

XVIII
Únicos casos em que a intolerância é direito humano

Para que um governo não tenha o direito de punir os erros dos homens, é necessário que esses erros não sejam crimes; só se tornam crimes quando perturbam a sociedade; eles perturbam essa sociedade assim que inspiram fanatismo; é preciso, portanto, que os homens comecem por não serem fanáticos para merecerem a tolerância.

Se alguns jovens jesuítas – sabendo que a Igreja vê os réprobos com horror, que os jansenistas são condenados por uma bula, que, desse modo, os jansenistas são réprobos – forem incendiar uma casa dos padres do Oratório[1] porque Quesnel, o oratoriano, era um jansenista, é claro que seremos obrigados a punir esses jesuítas.

Da mesma forma, se proferirem máximas culposas, se sua instituição for contrária às leis do reino, não se pode evitar a dissolução de sua Companhia e abolir os jesuítas para torná-

---

1 A Congregação do Oratório de Jesus e Maria (em latim: Congregatio Oratorii Iesu et Mariae), forma uma sociedade de vida apostólica de direito pontifício. (N. T.)

-los cidadãos; o que, no fundo, é um mal imaginário e um bem real para eles: pois onde está o mal em usar uma roupa civil em vez de uma batina e em ser livre em vez de ser escravo? Reformam-se tranquilamente regimentos inteiros, ninguém se queixa: por que os jesuítas gritam tão alto quando são reformados para obter a paz?

Se os franciscanos *cordeliers*, transportados por um santo zelo pela Virgem Maria, forem demolir a igreja dos jacobinos, que pensam que Maria nasceu no pecado original; seremos então obrigados a tratar os *cordeliers* mais ou menos como os jesuítas.

A mesma coisa se dirá dos luteranos e dos calvinistas. Podem dizer: seguimos os movimentos de nossa consciência, é melhor obedecer a Deus do que aos homens; formamos o verdadeiro rebanho, devemos exterminar os lobos. É evidente que, então, eles próprios são lobos.

Um dos exemplos mais surpreendentes de fanatismo foi o de uma pequena seita na Dinamarca, cujo princípio era o melhor do mundo. Aquelas pessoas queriam obter a salvação eterna para os seus irmãos; mas as consequências desse princípio foram singulares. Eles sabiam que todas as criancinhas que morrem sem o batismo são condenadas ao inferno, e que aquelas que têm a sorte de morrer imediatamente após receberem o batismo gozam de glória eterna: eles iam assim degolando todos os meninos e meninas recém-batizados que encontrassem; era sem dúvida fazer-lhes o maior bem que lhes poderia ser feito: preservavam-nos ao mesmo tempo do pecado, das misérias desta vida, e do inferno; eles os enviaram infalivelmente para o céu. Mas essas pessoas caridosas não consideraram que não é permitido fazer um pequeno mal para um grande bem;

que não tinham direito algum à vida dessas criancinhas; que a maioria dos pais e mães são carnais o suficiente para preferir ter seus filhos e filhas com eles em vez de vê-los degolados para irem para o paraíso; e que, em uma palavra, o magistrado deve punir o homicídio, mesmo se for cometido com boa intenção.

Os judeus parecem ter mais direito do que qualquer um a nos roubar e matar. Pois, embora existam centenas de exemplos de tolerância no Antigo Testamento, ali há também alguns castigos exemplares e algumas leis rigorosas. Deus ordenou-lhes algumas vezes que matassem os idólatras e salvassem apenas as moças núbeis: eles nos veem como idólatras; e embora os toleremos hoje, eles poderiam muito bem, se fossem os senhores, deixar para o mundo apenas nossas donzelas.

Acima de tudo, teriam a obrigação indispensável de assassinar todos os turcos; isso é evidente: pois os turcos possuem a terra dos hititas, dos jebusitas, dos amorreus, dos girgaseus, dos heveus, dos arqueus, dos sineus, dos hamateus, dos zemareus; todos esses povos foram condenados por um anátema; o país deles, que tinha mais de vinte e cinco léguas de comprimento, foi entregue aos judeus por vários pactos consecutivos; eles devem recuperar suas propriedades: os muçulmanos são usurpadores há mais de mil anos.

Se os judeus raciocinassem assim hoje, é claro que não haveria outra resposta senão empalá-los.

Estes são praticamente os únicos casos em que a intolerância parece razoável.

XIX
Relato de uma disputa controversa na China

Nos primeiros anos do reinado do grande imperador Kangxi, um mandarim da cidade de Cantão ouviu de sua casa um grande barulho sendo feito na casa vizinha; informou-se se estavam matando alguém; disseram-lhe que eram o capelão da companhia dinamarquesa, um capelão da Batávia e um jesuíta que estavam discutindo: ele os chamou, serviu-lhes chá e geleias, e perguntou-lhes por que se querelavam.

Esse jesuíta respondeu que era muito doloroso para ele, que sempre tinha razão, ter que lidar com pessoas que sempre estavam erradas; que, de início ele havia argumentado com a maior moderação, mas finalmente a paciência se lhe esgotara.

O mandarim fez-lhes sentir, com toda a discrição possível, o quanto a polidez é necessária nas disputas, disse-lhes que na China nunca ninguém se zanga e perguntou-lhes do que se tratava.

O jesuíta respondeu: "Monsenhor, sede o juiz; estes dois senhores recusaram-se a submeter-se às decisões do Concílio de Trento."

"Isso me surpreende", disse o mandarim. Voltando-se então para os dois refratários:

> Parece-me – disse-lhes – senhores, que deveis respeitar as opiniões de uma grande assembleia: não sei o que é o Concílio de Trento; mas várias pessoas são sempre mais instruídas que uma. Ninguém deve acreditar que sabe mais que os outros e que a razão só vive na sua cabeça; é assim que o nosso grande Confúcio ensina; e se acreditais em mim, farão muito bem em obedecer ao Concílio de Trento.

O dinamarquês então tomou a palavra: "Monsenhor fala com a maior sabedoria; respeitamos as grandes assembleias como devemos; por isso, concordamos inteiramente com a opinião de várias assembleias que se reuniram antes da de Trento."

"Oh! Se é assim, peço-vos desculpas, poderíeis muito bem estarem certos", disse o mandarim. "Então, tendes a mesma opinião, vós e este holandês, contra este pobre jesuíta?"

"De jeito nenhum", disse o holandês. "Este homem tem opiniões quase tão extravagantes quanto as deste jesuíta, que está todo meloso convosco; é de perder a paciência."

"Não consigo compreender-vos", disse o mandarim. "Não sois cristãos, todos os três? Não vinde, todos os três, ensinar o cristianismo em nosso império? E não deveis, em consequência, ter os mesmos dogmas?"

"Vede, Monsenhor", disse o jesuíta, "essas duas pessoas são inimigas mortais e ambas argumentam contra mim; é, portanto, evidente que ambos estão errados e que a razão está apenas do meu lado." "Não é tão evidente", disse o mandarim, "pode muito bem ser que todos os três estejais errados; eu estaria curioso de ouvir-vos um depois do outro."

O jesuíta fez então um discurso bastante longo, durante o qual o dinamarquês e o holandês davam de ombros; o mandarim não entendeu nada. O dinamarquês falou por sua vez; seus dois adversários olharam para ele com piedade, e o mandarim entendeu menos do que antes. O holandês teve o mesmo destino. Enfim, falaram todos os três juntos, trocaram grandes injúrias. O honesto mandarim teve grande dificuldade em pôr o ponto final nisso, e disse-lhes: "Se quereis que se tolere aqui vossa doutrina, começai por não serdes nem intolerantes nem intoleráveis."

Saindo da audiência, o jesuíta encontrou um missionário jacobino; informou-lhe que havia vencido sua causa, assegurando-lhe que a verdade triunfava sempre. O jacobino lhe disse: "Se eu estivesse lá, não teríeis vencido; eu teria demonstrado vossa mentira e vossa idolatria." A querela esquentou; o jacobino e o jesuíta agarraram os cabelos um do outro. O mandarim, informado do escândalo, enviou os dois para a prisão. Um submandarim disse ao juiz: "Por quanto tempo Vossa Excelência quer que eles fiquem presos?" "Até que se ponham de acordo", disse o juiz. "Ah!", disse o submandarim, "então eles vão ficar presos a vida inteira." "Bom", disse o juiz, "até que eles se perdoem." "Eles nunca vão se perdoar", disse o outro, "eu os conheço." "Pois bem", disse o mandarim, "então até que finjam que se perdoaram."

XX
Se é útil manter o povo na superstição

Tal é a fraqueza do gênero humano, e tal é a sua perversidade, que, sem dúvida, vale mais para ele ser subjugado por todas as superstições possíveis, desde que não sejam assassinas, do que viver sem religião. O homem sempre precisou de um freio; e embora fosse ridículo sacrificar aos faunos, aos silvanos e às náiades, era muito mais razoável e mais útil adorar essas imagens fantásticas da divindade do que entregar-se ao ateísmo. Um ateu que fosse argumentador, violento e poderoso seria um flagelo tão fatal quanto uma pessoa supersticiosa e sanguinária.

Quando os homens não têm noções sadias sobre divindade, as ideias falsas preenchem essa lacuna, assim como em tempos infelizes se negocia com moeda ruim quando não se tem moeda boa. O pagão temia cometer um crime, por medo de ser punido pelos falsos deuses. O malabar teme ser punido por seu pagode. Onde quer que exista uma sociedade estabelecida, uma religião é necessária; as leis zelam pelos crimes cometidos e a religião pelos crimes secretos.

Mas quando os homens conseguiram abraçar uma religião pura e santa, a superstição torna-se não apenas inútil, mas muito perigosa. Não se deve tentar alimentar com bolotas de carvalho aqueles que Deus dignou-se alimentar com pão.

A superstição está para a religião assim como a astrologia está para a astronomia, a filha muito tola de uma mãe muito sábia. Essas duas moças subjugaram por muito tempo a terra inteira.

Quando em nossos séculos de barbárie mal havia dois senhores feudais que tivessem em casa um Novo Testamento, poderia ser perdoável apresentar fábulas ao vulgo, quer dizer, a esses senhores feudais, às suas esposas imbecis, e aos brutos, seus vassalos; faziam acreditar que São Cristóvão havia carregado o menino Jesus da margem de um rio à outra; enchiam-nos com histórias de feiticeiros e de possuídos: facilmente imaginaram que São Genulfo[1] curava a gota e que Santa Clara curava os olhos doentes. Os filhos acreditavam no lobisomem, e os pais no cordão de São Francisco. O número de relíquias era incontável.

A ferrugem de tantas superstições subsistiu ainda, por algum tempo, entre os povos, mesmo quando a religião foi finalmente purificada. Sabe-se que quando o sr. de Noailles, bispo de Châlons, mandou remover e jogar ao fogo a suposta relíquia do santo umbigo de Jesus Cristo, toda a cidade de Châlons o processou; mas ele teve tanta coragem quanto devoção, e em pouco tempo conseguiu fazer os habitantes da Champanhe acreditarem que se poderia adorar a Jesus Cristo em espírito e verdade, sem ter seu umbigo em uma igreja.

---

[1] Saint Genou, em francês, que significa São Joelho. Em português o nome do santo é Genulfo. (N. T.)

Aqueles a quem se chamavam de *jansenistas* não contribuíram pouco para erradicar gradualmente na mente da nação a maioria das falsas ideias que desonravam a religião cristã. Deixou-se de acreditar que bastava recitar a oração de trinta dias à Virgem Maria para obter tudo o que se desejava e pecar impunemente.

Finalmente, a burguesia começou a suspeitar que não era Santa Genoveva quem mandava ou parava a chuva, mas era o próprio Deus quem controlava os elementos. Os monges ficaram surpresos porque seus santos não faziam mais milagres; e se os escritores da *Vida de São Francisco Xavier* voltassem ao mundo, não ousariam escrever que este santo ressuscitou nove mortos, que esteve ao mesmo tempo no mar e na terra, e que o seu crucifixo, tendo caído no mar, um caranguejo veio trazer de volta para ele.

O mesmo aconteceu com as excomunhões. Nossos historiadores nos contam que quando o rei Roberto foi excomungado pelo papa Gregório V, por ter se casado com a princesa Berta, sua comadre, seus servos jogaram pelas janelas as carnes que haviam sido servidas ao rei, e que a rainha Berta deu à luz um ganso como punição por este casamento incestuoso. Duvida-se hoje que os mestres de cerimônias de um rei da França excomungado jogassem sua refeição pela janela e que a rainha desse à luz um ganso num caso assim.

Se há alguns convulsionários no canto de um subúrbio, trata-se de uma doença pedicular, da qual apenas o mais vil populacho é atacado. A cada dia, a razão penetra na França tanto nas lojas dos comerciantes, quanto nas mansões dos senhores. É preciso, portanto, cultivar os frutos desta razão, sobretudo porque é impossível impedir que desabrochem. Não se pode governar mais a França depois de ela ter sido esclarecida por espíritos como Pascal, Nicole, Arnaud, Bossuet, Descartes, Gassendi, Bayle, Fontenelle etc., como era governada no tempo dos Garasses e dos Menots.

Se os mestres do erro, digo os grandes mestres, durante tanto tempo pagos e honrados para embrutecer a espécie humana, ordenassem hoje de acreditar que o grão deve apodrecer para germinar, que a terra está imóvel nos seus fundamentos, que não gira em torno do Sol, que as marés não são um efeito natural da gravitação, que o arco-íris não é formado pela refração e reflexão dos raios de luz etc., e se se basearam em passagens mal-entendidas da sagrada Escritura para apoiar suas ordenanças, como seriam consideradas por todos os homens instruídos? O termo *bestas* seria muito forte? E se esses sábios mestres se servissem da força e da perseguição para fazer reinar a sua insolente ignorância, estaria a expressão *feras selvagens* fora de lugar?

Quanto mais as superstições dos monges são desprezadas, mais os bispos são respeitados e mais os párocos são considerados; eles só fazem o bem e as superstições monásticas ultramontanas causariam muitos danos. Mas de todas as superstições, a mais perigosa não é a de odiar o próximo por suas opiniões? E não é óbvio que seria ainda mais razoável adorar o santo umbigo, o santo prepúcio, o leite e o vestido da Virgem Maria, do que odiar e perseguir seu irmão?

XXI
Virtude vale mais que ciência

Menos dogmas, menos disputas; e com menos disputas, menos infelicidades: se isso não é verdade, o erro é meu.

A religião foi instituída para nos fazer felizes nesta vida e na outra. O que é preciso para ser feliz na vida futura? Ser justo.

Para sermos felizes nesta, tanto quanto permite a miséria da nossa natureza, o que é necessário? Sermos indulgentes.

Seria o cúmulo da loucura tentar fazer com que todos os homens pensem de maneira uniforme sobre a metafísica. Muito mais facilmente se poderia subjugar o universo inteiro pela força das armas do que subjugar todas as mentes de uma única cidade.

Euclides conseguiu facilmente persuadir todos os homens das verdades da geometria; Por quê? Porque não há nenhuma que não seja um corolário óbvio deste pequeno axioma: *dois mais dois são quatro*. Não é exatamente a mesma coisa na mistura de metafísica e teologia.

Quando o bispo Alexandre e o sacerdote Ário ou Arius começaram a discutir sobre como o *Logos* era uma emanação do Pai, o imperador Constantino escreveu-lhes logo estas palavras relatadas por Eusébio e por Sócrates: "Sois muito loucos por discutir sobre coisas que não podeis compreender."

Se ambas as partes tivessem sido suficientemente sábias para convir que o imperador estava certo, o mundo cristão não teria sido ensanguentado durante trezentos anos.

Na verdade, o que é mais louco e mais horrível do que dizer aos homens:

> Meus amigos, não basta serdes súditos fiéis, filhos obedientes, pais ternos, vizinhos equânimes, praticardes todas as virtudes, cultivardes a amizade, fugir da ingratidão, adorar Jesus Cristo em paz; é preciso ainda saber como somos gerados desde toda a eternidade, sem termos sido criados desde toda a eternidade; e se não souberdes distinguir o *omousion* na hipóstase, nós vos denunciaremos e sereis queimados para sempre; e, enquanto isso, vamos começar por degolar-vos?

Se se tivesse apresentado tal decisão a um Arquimedes, a um Possidônio, a um Varrão, a um Catão, a um Cícero, o que teriam eles respondido?

Constantino não perseverou na sua resolução de impor silêncio às duas partes; ele poderia trazer os chefes do ergotismo ao seu palácio; ele poderia perguntar-lhes com que autoridade perturbavam o mundo:

> Tendes os títulos da família divina? O que vos importa se o *Logos* seja feito ou gerado, desde que sejamos fiéis a ele, desde que preguemos a boa moral e a pratiquemos, se pudermos? Cometi muitos erros em minha vida, e vós também; sois ambiciosos, e eu também; o império me custou trapaças e crueldade; assassinei

quase todos os meus próximos, eu me arrependo disso; quero expiar meus crimes tornando o Império romano tranquilo; não me impeçais de fazer o único bem que pode fazer esquecer minhas antigas barbaridades; ajudai-me a terminar meus dias em paz.

Talvez não tivesse ganhado nada com os contestadores; talvez se sentisse lisonjeado por presidir um concílio usando um longo casaco vermelho e com a cabeça carregada de pedras preciosas.

Foi, entretanto, o que abriu a porta a todos estes flagelos que vieram da Ásia para inundar o Ocidente. De cada versículo contestado surgiu uma fúria armada com um sofisma e com um punhal, o que tornava todos os homens insensatos e cruéis. Os hunos, hérulos, godos e vândalos que sobrevieram causaram danos infinitamente menores; e o pior que fizeram foi de se entregarem a finalmente essas disputas fatais.

XXII
Da tolerância universal

Não é necessária grande arte ou eloquência muito requintada para provar que os cristãos devem tolerar-se uns aos outros. Vou mais longe; digo-vos que devemos olhar para todos os homens como nossos irmãos. O quê!, meu irmão, o turco? Meu irmão, o chinês? O judeu? O siamês? Sim, sem dúvida; não somos todos filhos do mesmo pai e criaturas do mesmo Deus?

Mas esses povos nos desprezam; mas eles nos tratam de idólatras! Pois bem! Direi a eles que estão muito errados. Parece-me que eu poderia pelo menos surpreender a orgulhosa obstinação de um imã, ou de um talapão, se lhes falasse mais ou menos assim.

Este pequeno globo, que não passa de um ponto, gira no espaço, como tantos outros globos; estamos perdidos nesta imensidão. O homem, com altura de mais ou menos cinco pés, é certamente pouca coisa na criação. Um desses seres imperceptíveis diz a alguns dos seus vizinhos, na Arábia, ou na Cafraria:

Escutai-me; porque o Deus de todos esses mundos me iluminou: há novecentos milhões de formiguinhas como nós na Terra;

mas é apenas o meu formigueiro que é querido por Deus, todos os outros são abomináveis para Ele por toda a eternidade; ele será o único feliz e todos os outros serão eternamente desafortunados.

Eles então me interromperiam e me perguntariam: quem é o louco que disse essa bobagem? Eu teria que responder a eles: "Sois vós mesmos." Eu então tentaria abrandá-los, mas isso seria bem difícil.

Falaria agora aos cristãos, e ousaria dizer, por exemplo, a um inquisidor dominicano da fé:

Meu irmão, sabeis que cada província da Itália tem o seu jargão e que não se fala em Veneza e em Bérgamo como em Florença. A Academia da Crusca fixou a língua; seu dicionário é uma regra da qual não devemos nos desviar, e a *Gramática* do Buon Matei é um guia infalível que é preciso seguir: mas credes vós que o cônsul da Academia, e, na sua ausência, Buon Matei, poderiam, com a mão na consciência, cortar a língua de todos os venezianos e de todos os bergamascos que persistissem em seus dialetos?

O inquisidor me responde:

Há grande diferença, trata-se aqui da salvação de vossa alma; é para vosso bem que o diretório da Inquisição ordena que sejais preso com o depoimento de uma única pessoa, mesmo que ela seja infame e reincidente na justiça; que não tenhais advogado algum para defender-vos, que não saibais sequer o nome do vosso acusador; que o inquisidor vos prometa misericórdia e em seguida vos condene; que ele aplique cinco torturas diferentes, e em seguida sejais é chicoteado, ou posto nas galeras, ou queimado em cerimônia:[1] o padre Ivonet, o doutor Chucalon, Zanchinus, Campegius, Royas, Felinus, Gomarus, Diabarus, Gemelinus, são formais a respeito, e essa piedosa prática não pode sofrer contradição.

Eu tomaria a liberdade de lhe responder: "Meu irmão, talvez tenhais razão, estou convencido do bem que quereis me fazer, mas eu não poderia ser salvo sem tudo isso?"

É verdade que esses horrores absurdos não mancham a face da terra todos os dias; mas foram frequentes e seria fácil compor um volume muito maior do que os Evangelhos que os condenam. Não apenas é muito cruel perseguir, nesta curta vida, aqueles que não pensam como nós; mas não sei se não é muito ousado pronunciar sua danação eterna. Parece-me que dificilmente cabe a átomos de um momento, como somos, predispor assim os decretos do criador. Estou longe de contestar esta sentença, "fora da Igreja não há salvação": respeito-a, assim como tudo o que ela ensina; mas, na verdade, conhecemos todos os caminhos de Deus e toda a extensão de sua misericórdia? Não é permitido esperar nele tanto quanto temê-lo? Não basta ser fiel à Igreja? Será necessário que cada particular usurpe os direitos da divindade e decida antes dela o destino eterno de todos os homens?

Quando pomos luto por um rei da Suécia, ou da Dinamarca, ou da Inglaterra, ou da Prússia, dizemos que estamos de luto por um condenado que arde eternamente no inferno? Há quarenta milhões de habitantes na Europa que não pertencem à Igreja de Roma; diremos a cada um deles: "Senhor, já que

---

1 Vide o excelente livro intitulado *O manual da Inquisição*.

estais infalivelmente condenado, não quero nem comer, nem negociar, nem conversar convosco?"

Qual é o embaixador da França, que, sendo apresentado na audiência do grão-senhor, dirá no fundo do seu coração: Sua alteza será infalivelmente queimada por toda a eternidade, porque se submeteu à circuncisão? Se ele realmente acreditasse que o grão-senhor é o inimigo mortal de Deus e o objeto de sua vingança, poderia falar com ele? Deveria ser enviado para ele? Com que homem poderíamos negociar? Que dever da vida civil alguém poderia cumprir, se de fato estivesse convencido dessa ideia de que se conversa com os condenados?

Ó seguidores de um Deus clemente! Se tivésseis um coração cruel, se, ao adorar aquele cuja lei inteira consistia nestas palavras: "Amai a Deus e ao vosso próximo", tivésseis sobrecarregado esta lei pura e santa com sofismas e disputas incompreensíveis; se tivésseis acendido a discórdia, às vezes por causa de uma palavra nova, às vezes por causa de uma única letra do alfabeto; se tivésseis vinculado penas eternas à omissão de algumas palavras, de algumas cerimônias que outros povos não podiam conhecer, eu lhe diria, derramando lágrimas sobre o gênero humano:

> Transportai-vos comigo para o dia em que todos os homens serão julgados, e quando Deus recompensará cada um de acordo com suas obras.
>
> Vejo todos os mortos dos séculos passados e os nossos aparecerem em sua presença. Tendes bem certeza de que nosso Criador e nosso Pai dirá ao sábio e virtuoso Confúcio, ao legislador Sólon, a Pitágoras, a Zaleuco, a Sócrates, a Platão, aos divinos Antoninos, ao bom Trajano, a Tito, delícias do gênero humano,

a Epicteto, a tantos outros homens, modelos de homens: Ide, monstros! Ide sofrer castigos infinitos, infinitas em intensidade e duração; que vosso suplício seja eterno como eu. E vós, meus bem-amados, Jean Châtel, Ravaillac, Damiens, Cartouche[2] etc., que sois mortais segundo as fórmulas prescritas pela Igreja, partilhai para sempre, à minha direita, o meu império e a minha felicidade!

Vós recuais com horror diante dessas palavras; e, depois que elas me escaparam, não tenho mais nada a vos dizer.

---

2 Os três primeiros, regicidas, o último, célebre bandido assassino. (N. T.)

XXIII
Oração a Deus

Portanto, não é mais aos homens que me dirijo, é a ti, Deus de todos os seres, de todos os mundos e de todos os tempos, se for permitido a fracas criaturas perdidas na imensidão, e imperceptíveis ao resto do universo, de ousar pedir-te alguma coisa, a ti que tudo deste, a ti cujos decretos são tão imutáveis como eternos. Digna olhar com piedade para os erros próprios à nossa natureza! Que estes erros não causem as nossas calamidades! Tu não nos deste um coração para nos odiarmos, nem mãos para nos degolar; faz com que nos ajudemos uns aos outros a suportar o fardo de uma vida penosa e passageira! Que as pequenas diferenças entre as roupas que cobrem nossos débeis corpos, entre todas nossas linguagens insuficientes, entre todos nossos costumes ridículos, entre todas as nossas leis imperfeitas, entre todas nossas opiniões insensatas, entre todas nossas condições tão desproporcionais aos nossos olhos, e tão iguais diante de ti; que todas essas pequenas nuances que distinguem os átomos chamados *homens* não sejam sinais de ódio e de perseguição! Que aqueles que acendem velas em pleno meio-dia para te celebrar apoiem aqueles que se contentam com a luz do teu sol! Que aqueles que cobrem suas vestes com um pano branco para dizer que devemos te amar não odeiem aqueles que dizem a mesma coisa sob um casaco de lã preta! Seja igual adorar-te num jargão formado de uma língua antiga, ou num jargão mais novo! Que aqueles cujas roupas são tingidas de vermelho ou de roxo, que dominam uma pequena parcela de um pequeno monte de lama deste mundo, e que possuem alguns fragmentos arredondados de um certo metal, gozem sem orgulho do que chamam de *grandeza* e *riqueza*, e que os outros os vejam sem inveja! Pois sabeis que nessas vaidades não há nada de que invejar ou de que se orgulhar.

Possam todos os homens lembrarem-se de que são irmãos! Que abominem a tirania exercida sobre as almas, como execram o banditismo, que rouba à força o fruto do trabalho e da indústria pacífica! Se os flagelos da guerra são inevitáveis, não nos odiemos, não nos destruamos no seio da paz e aproveitemos o instante que é nossa existência para abençoar igualmente em mil línguas diversas, do Sião à Califórnia, tua bondade que nos deu esse instante!

XXIV
Pós-escrito

Enquanto trabalhávamos nesta obra, com o único objetivo de tornar os homens mais compassivos e mais brandos, outro homem escreveu com objetivo completamente contrário – pois cada um tem sua opinião. Este homem mandou imprimir um pequeno código de perseguição, intitulado *O acordo entre a religião e a humanidade* (é um erro do impressor, leia-se *desumanidade*).

O autor desse santo libelo apoia-se em Santo Agostinho, que, depois de ter pregado a mansidão, pregou enfim a perseguição, visto que era então o mais forte, e que muitas vezes mudava de ideias. Ele também cita o bispo de Meaux, Bossuet, que perseguiu o célebre Fénelon, arcebispo de Cambrai, culpado de ter impresso que vale a pena amar a Deus por ele próprio.

Bossuet era eloquente, admito; o bispo de Hipona, por vezes inconsequente, era mais diserto do que são os outros africanos; confesso-o mais uma vez; mas tomaria a liberdade de lhes dizer com Armande, em *As sabichonas*:[1]

---

1 *Les femmes savantes*, comédia de Molière. (N. T.)

Se a uma criatura se pretende imitar,
Aos seus belos lados se deve assemelhar.
                    (Ato I, cena I.)

Eu diria ao bispo de Hipona: Monsenhor, vós mudastes de opinião, permiti-me limitar-me à vossa primeira; na verdade, creio que seja a melhor.

Eu diria ao bispo de Meaux: Monsenhor, sois um grande homem; acho-vos tão culto, no mínimo, quanto Santo Agostinho, e muito mais eloquente; mas por que atormentar tanto vosso confrade, que era tão eloquente quanto sois, em outro gênero, e que era mais amável?

O autor do santo libelo sobre a desumanidade não é nem um Bossuet nem um Agostinho; ele me parece perfeitamente adequado para ser um excelente inquisidor; gostaria que ele estivesse em Goa[2] à frente desse belo tribunal. Além disso, é também um homem de Estado e ostenta grandes princípios políticos. "Se entre vós", diz ele, "houver muitos heterodoxos, sede gentis com eles, tentai convencê-los; se houver apenas um pequeno número, ponde a forca e as galeras em uso e vós vos sentireis muito bem." É o que ele aconselha, nas páginas 89 e 90.

Graças a Deus, sou um bom católico; não tenho motivos para temer o que os huguenotes chamam de *martírio*; mas se este homem alguma vez for primeiro-ministro, como ele parece se

---

2 O tribunal da Inquisição em Goa foi o único tribunal inquisitorial ultramarino. Sua jurisdição recobria os territórios portugueses do oriente, desde o leste africano. Foi abolido em 1774 pelo marquês de Pombal. Com a subida ao trono de Maria I e sua destituição do cargo de ministro, o tribunal de Goa foi restaurado, sendo abolido apenas pelo príncipe dom João, regente, em 1812. (N. T.)

gabar em seu libelo, advirto-o de que partirei para a Inglaterra, no dia em que ele terá suas cartas-patente.

Enquanto isso, só posso agradecer à Providência por permitir que pessoas como ele sempre sejam maus argumentadores.

Ele chega a citar Bayle entre os partidários da intolerância: isso é sensato e astuto; e a partir do fato de que Bayle concorda que é preciso punir os rebeldes e os trapaceiros, nosso homem conclui que devemos perseguir com fogo e sangue pessoas de boa-fé que são pacíficas.

Quase todo o seu livro é uma imitação da *Apologia* [do massacre] *de São Bartolomeu*. É um apologista ou o seu eco. Em ambos os casos, espera-se que nem o mestre nem o discípulo governem o Estado.

Mas se acontecer de eles serem os mestres, apresento-lhes de longe este pedido, a propósito de duas linhas da página 93 do santo libelo:

"Deve-se sacrificar a felicidade da vigésima parte da nação pela felicidade da nação inteira?"

Supondo que de fato houvesse vinte católicos romanos na França para cada huguenote; não pretendo que o huguenote devore os vinte católicos; mas, também, por que estes vinte católicos devorariam este huguenote? E por que impedir esse huguenote de se casar? Não há bispos, abades, monges que possuem terras em Dauphiné, em Gévaudan, para o lado de Agde, de Carcassonne? Esses bispos, abades, monges, não têm meeiros que infelizmente não acreditam na transubstanciação? Não é do interesse dos bispos, abades, monges e do público, que estes meeiros tenham famílias numerosas? Somente aqueles que comungam sob uma espécie poderão ter filhos? Na verdade, isso não é nem justo, nem honesto.

"A revogação do Édito de Nantes não produziu tantos inconvenientes como lhe são atribuídos", afirma o autor.

Se de fato é-lhe atribuído mais do que produziu, exagera-se; e o erro de quase todos os historiadores é exagerar; mas também é o erro de todos os polemistas reduzir a nada o mal que lhes é censurado. Não acreditemos nem nos doutores de Paris nem nos predicantes de Amsterdã.

Tomemos como juiz o sr. conde d'Avaux, embaixador na Holanda de 1685 a 1688. Ele diz, página 181, tomo 5, que um único homem se oferecera para descobrir mais de vinte milhões, que os perseguidos estavam levando para fora da França. Luís XIV responde a monsieur d'Avaux: "Os relatos que recebo diariamente de um número infinito de conversões já não me deixam duvidar de que até os mais obstinados estão seguindo o exemplo dos outros."

Vemos, por esta carta de Luís XIV, que ele confiava muito na extensão do seu poder. Diziam-lhe, todas as manhãs: "Sire, sois o maior rei do universo; todo o universo se glorificará de pensar como vós, assim que falais." Pellisson, que havia enriquecido no cargo de primeiro secretário das finanças; Pellisson que estava há três anos na Bastilha, como cúmplice de Fouquet; Pellisson, que de calvinista tornara-se diácono e beneficiário, que fazia imprimir orações para a missa, e versos amáveis a Íris, que obtivera a vaga de economato, e de conversor; Pellisson, repito, trazia a cada três meses uma grande lista de abjurações, a sete ou oito escudos cada; e fazia seu rei acreditar que, sempre que quisesse, poderia converter todos os turcos pelo mesmo preço. Revezavam-se para enganá-lo: poderia ele resistir à sedução?

No entanto, o mesmo sr. d'Avaux assinala ao rei que um homem chamado Vincent emprega mais de quinhentos operários perto de Angoulême, e que a sua saída causará prejuízos, página 194, tomo 5.

O mesmo senhor d'Avaux fala de dois regimentos que o príncipe de Orange já organizara para os oficiais franceses refugiados: fala de marinheiros que desertaram três navios para servir naqueles do príncipe de Orange. Além destes dois regimentos, o príncipe de Orange formou ainda uma companhia de cadetes refugiados, comandada por dois capitães, página 240. Esse embaixador escreveu novamente em 9 de maio de 1686 ao sr. de Seignelay, "que não pode dissimular a ele a pena que sente ao ver as manufaturas da França estabelecerem-se na Holanda, de onde jamais sairão."

Acrescentai a todos estes testemunhos os de todos os intendentes do reino, em 1699, e julgai se a revogação do Édito de Nantes não produziu mais mal do que bem, apesar da opinião do respeitável autor do *Acordo entre a religião e a desumanidade*.

Um marechal da França, conhecido por seu espírito superior, dizia há alguns anos: "Não sei se a dragonada[3] foi necessária, mas é necessário não fazer mais isso."

Confesso que pensei ter ido um pouco longe demais quando tornei pública a carta do correspondente do padre Le Tellier, na qual este congreganista propõe barris de pólvora. Dizia-me a mim mesmo: Ninguém me acreditará, verão esta carta como uma peça inventada. Meus escrúpulos, felizmente, foram dissipados, quando li no *Acordo entre a religião e a desumanidade*, página 149, estas doces palavras:

---

3 Perseguição contra os protestantes que, a mando de Luís XIV, foi feita pelo regimento dos dragões. (N. T.)

"A extinção total dos protestantes na França não enfraqueceria a França mais do que uma sangria enfraquece um doente bem constituído."

Este cristão compassivo, que dissera há pouco que os protestantes constituem um vigésimo da nação quer, portanto, que o sangue desta vigésima parte seja derramado, e só considera esta operação como a perda de quatro onças de sangue! Deus nos preserve com ele dos três vigésimos!

Se então esse homem honesto propõe matar a vigésima parte da nação, por que o amigo do padre Le Tellier não teria proposto explodir, cortar a garganta e envenenar o terço? É, portanto, muito provável que a carta ao padre Le Tellier tenha sido realmente escrita.

O santo autor termina finalmente concluindo que a intolerância é uma coisa excelente, "porque ela não foi", como diz, "expressamente condenada por Jesus Cristo". Mas Jesus Cristo também não condenou aqueles que ateariam fogo nos quatro cantos de Paris; seria isto uma razão para canonizar os incendiários?

Assim, portanto, quando a natureza faz ouvir de um lado a sua voz suave e benfazeja, o fanatismo, esse inimigo da natureza, solta uivos; e quando a paz se apresenta aos homens, a intolerância forja suas armas. Ó vós, árbitro das nações, que destes a paz à Europa, decidi entre o espírito pacífico e o espírito assassino.

XXV
Continuação e conclusão

Ficamos sabendo que, em 7 de março de 1763, todo o Conselho de Estado reunido em Versalhes, com a presença dos ministros de Estado e a presidência do chanceler, o sr. de Crosne, mestre das petições, relatou o caso dos Calas com a imparcialidade de um juiz, com a exatidão de um homem perfeitamente instruído, e com a eloquência simples e verdadeira de um orador estadista, a única apropriada em tal assembleia. Uma multidão prodigiosa de pessoas de todas as categorias aguardava na galeria do castelo a decisão do Conselho. Logo foi anunciado ao rei que todas as vozes, sem nenhuma exceção, haviam ordenado que o Parlamento de Toulouse enviasse ao Conselho os documentos do processo e as razões de seu julgamento, que fez com que Jean Calas expirasse no suplício da roda. Sua Majestade aprovou a decisão do Conselho.

Existe, portanto, humanidade e justiça entre homens! E principalmente no Conselho de um rei amado e digno de sê-lo. O caso de uma infeliz família de cidadãos obscuros ocupou Sua Majestade, seus ministros, o chanceler e todo o Conselho, e foi discutido com um exame tão cuidadoso quanto o podem ser os maiores assuntos de guerra e paz. O amor pela justiça e o interesse do gênero humano guiaram todos os juízes. Graças sejam rendidas a este Deus de clemência, o único que inspira a equidade e todas as virtudes!

Atestamos que nunca conhecemos este infeliz Calas, a quem os oito juízes de Toulouse condenaram à morte com base nos indícios mais fracos, contra as ordenações dos nossos reis e contra as leis de todas as nações; nem seu filho Marc-Antoine, cuja estranha morte induziu ao erro estes oito juízes; nem a mãe, tão respeitável quanto infeliz; nem suas filhas inocentes, que percorreram duzentas léguas com ela para depor seu infortúnio e sua virtude aos pés do trono.

Esse Deus sabe que só fomos animados por um espírito de justiça, verdade e paz, quando escrevemos o que pensamos sobre a tolerância, por ocasião de Jean Calas, que o espírito de intolerância causou a morte.

Não acreditávamos estar ofendendo os oito juízes de Toulouse ao dizer que estavam enganados, de acordo como presumiu todo o Conselho; pelo contrário, abrimos-lhes um caminho para se justificarem perante toda a Europa; esse caminho é admitir que indícios equívocos e os gritos de uma multidão insensata surpreenderam a justiça deles, para pedir perdão à viúva e reparar, tanto quanto for possível, toda a ruína de uma família inocente, juntando-se aos que a socorrem em sua aflição. Eles mataram o pai injustamente; cabe a eles agirem como pais para os filhos, presumindo que esses órfãos estejam dispostos a receber deles esse pobre sinal de arrependimento muito justo. Será honroso para os juízes fazerem tal oferta, e para a família, recusá-la.

Tratado sobre a tolerância

Cabe sobretudo ao sr. David, *capitoul* de Toulouse, uma vez que foi o primeiro perseguidor da inocência, dar o exemplo do remorso. Ele insultou um pai que morria no cadafalso. Esta crueldade é bastante inédita; mas como Deus perdoa, os homens também devem perdoar a quem repara suas injustiças.

Escrevem-me do Languedoc esta carta de 20 de fevereiro de 1763.

Vossa obra sobre a tolerância me parece cheia de humanidade e de verdade; mas temo que isso faça mais mal do que bem à família Calas. Ela pode ulcerar os oito juízes que votaram pelo suplício da roda; eles pedirão ao Parlamento que se queime vosso livro; e os fanáticos, pois sempre existem alguns, responderão com gritos de fúria à voz da razão etc.

Aqui está minha resposta:

Os oito juízes de Toulouse podem mandar queimar o meu livro se ele é bom; não há nada mais fácil: queimaram as *Cartas provinciais*[1] que sem dúvida valem muito mais; todos podem queimar em casa os livros e papéis que lhes desagradam.

Minha obra não pode fazer bem nem mal aos Calas, que não conheço. O Conselho do rei, imparcial e firme, julga segundo as leis, segundo a equidade, sobre os documentos, sobre os procedimentos, e não sobre um escrito que não é jurídico, e cujo fundo é absolutamente estranho ao caso que julga.

Mesmo que se imprimam in-fólios a favor ou contra os oito juízes de Toulouse, e a favor ou contra a tolerância; nem o Con-

---
[1] De Blaise Pascal. (N. T.)

selho nem qualquer tribunal considerarão esses livros como documentos do processo.

Concordo que há fanáticos que gritarão, mas sustento que há muitos leitores sensatos que raciocinarão.

Aprendo que o Parlamento de Toulouse e alguns outros tribunais têm uma jurisprudência singular; admitem quartos, terços, sextos de prova. Assim, com seis ouvi dizer de um lado, três do outro e quatro quartos de presunção, formam três provas completas; e a partir dessa bela manifestação, mandam sem misericórdia um homem ao suplício da roda. Bastaria um leve conhecimento da arte de raciocinar para fazê-los adotar outro método. O que se chama de meia prova só pode ser uma suspeita: a rigor, não existe meia prova; ou uma coisa está provada ou não; não há meio-termo.

Cem mil suspeitas reunidas não podem estabelecer uma prova, assim como cem mil zeros não podem compor um número.

Existem quartos de tom na música, mas ainda não podemos executá-los; mas não há nem quarto de verdade, nem quarto de raciocínio.

Duas testemunhas que sustentam um depoimento devem fornecer provas; mas isto não basta: é preciso que estas duas testemunhas sejam isentas de paixão, sem preconceitos e, sobretudo, o que dizem não deve chocar a razão.

Por mais que quatro personagens dos mais graves tenham dito que viram um velho doente agarrar um jovem vigoroso pelo colarinho e atirá-lo de uma janela a quarenta passos de distância, é claro que estas quatro testemunhas deveriam ser enviadas aos hospícios.

Ora, os oito juízes de Toulouse condenaram Jean Calas a partir de uma acusação muito mais improvável; porque não houve nenhuma testemunha ocular que dissesse ter visto um velho debilitado, de 68 anos, enforcar sozinho um jovem de 28 anos, extremamente robusto.

Fanáticos apenas disseram que outros fanáticos lhes disseram que tinham ouvido outros fanáticos dizerem que Jean Calas, por uma força sobrenatural, havia enforcado o seu filho. Um julgamento absurdo foi, portanto, proferido sobre acusações absurdas.

O único remédio para uma tal jurisprudência é que aqueles que compram o direito de julgar os homens, doravante façam melhores estudos.

Este escrito sobre a tolerância é uma petição que a humanidade apresenta muito humildemente ao poder e à prudência. Semeio um grão que um dia produzirá uma colheita. Esperemos tudo do tempo, da bondade do rei, da sabedoria de seus ministros e do espírito de razão que começa a espalhar a sua luz por toda parte.

A natureza diz a todos os homens:

> Fiz todos vós nascerem fracos e ignorantes, para vegetarem por alguns minutos sobre a terra e adubá-la com seus cadáveres. Já que sois fracos, socorrei-vos uns aos outros; já que são ignorantes, iluminai-vos e apoiai-vos mutuamente. Mesmo que todos vós tivésseis a mesma opinião, o que certamente nunca acontecerá, quando houvesse apenas um homem de opinião contrária, deveríeis perdoá-lo; porque sou eu quem o faz pensar como ele pensa. Eu vos dei braços para cultivar a terra e um pequeno vislumbre de razão para guiar-vos; pus em vossos corações uma semente de compaixão para vos ajudar uns aos outros a suportar a vida. Não sufoqueis esse germe; não o corrompais; aprendei que

ele é divino e não substituais a voz da natureza pelos miseráveis furores da escola.

Sou somente eu quem ainda vos une, apesar de vós próprios, por vossas necessidades mútuas, no meio de vossas guerras cruéis empreendidas tão levianamente, eterno teatro de erros, acasos e infortúnios. Sou só eu quem, numa nação, estanca as consequências desastrosas da divisão interminável entre a nobreza e a magistratura, entre estes dois corpos e o do clero, entre o próprio burguês e o lavrador. Todos ignoram os limites de seus direitos; mas todos eles ouvem, apesar de tudo, a minha voz que fala aos seus corações. Só eu preservo a equidade nos tribunais, onde sem mim tudo ficaria entregue à indecisão e aos caprichos, no meio de uma massa confusa de leis muitas vezes feitas ao acaso, e por necessidade passageira, diferentes umas das outras de província em província, de cidade em cidade, e quase sempre contraditórias entre si no mesmo lugar. Só eu posso inspirar a justiça, quando as leis inspiram apenas a chicana. Quem me ouve julga sempre bem; e quem apenas procura conciliar opiniões que se contradizem é quem se perde.

Existe um imenso edifício cujos alicerces assentei com minhas mãos; era sólido e simples, todos os homens podiam entrar nele com segurança; quiseram acrescentar nele os ornamentos mais bizarros, mais grosseiros e mais inúteis; o edifício cai em ruínas por todos os lados; os homens pegam suas pedras e jogam na cabeça uns dos outros; eu clamo a eles: Parem, removei esses escombros desastrosos que são vossa obra, e permanecei comigo em paz no edifício inabalável que é o meu.

FIM.

Artigo recentemente acrescentado no qual se relata o último julgamento feito em favor da família Calas

De 7 de março de 1763 até o julgamento definitivo, passaram-se mais dois anos: tão fácil é para o fanatismo tirar a vida da inocência, e tão difícil para a razão fazer-lhe justiça. Foi preciso enfrentar as inevitáveis delongas, necessariamente ligadas às formalidades. Quanto menos estas formalidades foram observadas na condenação de Calas, mais rigorosamente deveriam ser observadas pelo Conselho de Estado. Um ano inteiro não foi suficiente para obrigar o parlamento de Toulouse a enviar todo o processo ao Conselho, para ser examinado e relatado. Mais uma vez, o sr. de Crosne foi encarregado desse árduo trabalho. Uma assembleia de quase oitenta juízes anulou a sentença de Toulouse e ordenou a revisão completa do processo.

Outros casos importantes ocupavam então quase todos os tribunais do reino. Os jesuítas estavam sendo expulsos; abolia-se a Companhia de Jesus na França: eles haviam sido intolerantes e persecutórios;[1] foram perseguidos por sua vez.

---

1 Vide o capítulo XVIII. (N. T.)

A extravagância das cartas de confissão,[2] das quais se acreditava que os jesuítas eram os autores secretos, e das quais eles eram publicamente defensores, já havia reacendido o ódio da nação contra eles. Uma bancarrota imensa de um dos seus missionários[3] – bancarrota que se acreditava ser em parte fraudulenta – acabou por arruiná-los. Só estas palavras, *missionários* e *bancarroteiros*, tão pouco feitas para serem associadas, selou a condenação deles na mente de todos. Por fim, as ruínas de Port-Royal[4] e os ossos de tantos homens famosos insultados pelos jesuítas em suas sepulturas, e exumados no início do século por ordens que apenas os jesuítas haviam ditado, ergueram-se contra o seu já debilitado crédito. A história de sua proibição pode ser encontrada no excelente livro intitulado *Sobre a destruição dos jesuítas na França*,[5] uma obra imparcial, porque é de um filósofo, escrita com a delicadeza e a eloquência de um Pascal, e sobretudo com uma superioridade de luzes que não é ofuscada, como em Pascal, por preconceitos que, algumas vezes, seduziram grandes homens.

Este grande caso, em que alguns partidários dos jesuítas diziam que a religião estava sendo ultrajada, e em que a maioria

---

2 *Billets de confession*: em 1764, o arcebispo de Paris exige que os fiéis apresentem uma declaração de um padre que aderiu à bula *Unigenitus*, do papa Clemente XI, publicada em 1713, atacando o jansenismo, para poderem receber os sacramentos e, até mesmo, a extrema unção. Isso causa revoltas e manifestações, o que levou à firme intervenção de Luís XV para que o caso encontrasse uma solução. (N. T.)

3 O padre La Valette. (N. T.)

4 Ver o capítulo 37 de *Le siècle de Louis XIV* [O século de Luís XIV]. (N. T.)

5 Por *d'Alembert*, 1765, in-12; 1767, in-12; e nas obras desse autor (Nota de Voltaire)

a acreditava vingada, fez com que o público perdesse de vista o julgamento de Calas durante vários meses; mas, tendo o rei atribuído o julgamento definitivo ao tribunal a que chamamos os *requerimentos do palácio*, o mesmo público, que gosta de passar de uma cena a outra, esqueceu dos jesuítas, e os Calas atraíram toda a atenção.

A câmara das petições do palácio é um tribunal soberano composto por mestres das petições, para julgar os litígios entre os oficiais da corte e as causas que o rei lhes remete. Não era possível escolher um tribunal mais informado sobre o caso: eram precisamente os mesmos magistrados que haviam julgado duas vezes as preliminares da revisão e que estavam perfeitamente familiarizados com o conteúdo e com a forma. A viúva de Jean Calas, seu filho e o senhor de Lavaisse voltaram à prisão: fizeram vir dos confins do Languedoc aquela velha criada católica que não havia abandonado por um momento sequer seus patrões e sua patroa, quando tantos supunham, contra toda verossimilhança, que haviam estrangulado o filho e o irmão. Enfim, deliberou-se sobre os mesmos documentos que tinham servido para condenar Jean Calas ao suplício da roda, e seu filho Pierre ao exílio.

Foi então que apareceu um novo memorial do eloquente sr. de Beaumont,[6] e um outro do jovem sr. de Lavaisse, tão injustamente implicado neste processo penal pelos juízes de Toulou-

---

6 *Mémoire à consulter et Consultation pour les enfants du défunt J. Calas, marchand à Toulouse* [Memorial para ser consultado e Consulta para os filhos do defunto J. Calas, comerciante em Toulouse]. Deliberado em Paris, neste 22 janeiro de 1765. Assinado: Lambon, Mallard, d'Outremont, Mariette, Gerbier, Legouvé, Loyseau de Mauléon, Élie de Beaumont. (N. T.)

se, que, para cúmulo de contradição, não o haviam absolvido. O próprio jovem fez um memorial que foi considerado, por todo mundo, digno de aparecer ao lado daquele do sr. de Beaumont. Ele tinha a dupla vantagem de falar por si mesmo e por uma família cujos grilhões ele compartilhava. Dependia só dele de quebrar os seus e de sair das prisões de Toulouse, bastando-lhe dizer que tinha abandonado por um instante os Calas, durante o momento em que se pretendia que o pai e a mãe tinham assassinado o filho. Ele fora ameaçado com suplícios; a tortura e a morte foram apresentadas aos seus olhos; uma palavra poderia ter-lhe restituído a liberdade: preferiu enfrentar a tortura a pronunciar aquela palavra, que teria sido uma mentira. Expôs todos estes detalhes no seu memorial, com uma candura tão nobre, tão simples, tão afastada de qualquer ostentação, que comoveu todos aqueles a quem pretendia apenas convencer, e que se fez admirar sem pretender qualquer celebridade.

Seu pai, um famoso advogado, não teve nenhuma participação nesse trabalho: de repente, viu-se igualado por seu filho, que nunca tinha seguido a advocacia.

No entanto, pessoas de muita consideração afluíam em bando à prisão da sra. Calas, onde as suas filhas estavam confinadas com ela. Elas se comoviam até as lágrimas. A humanidade e a generosidade lhes prodigavam ajudas. O que chamamos de *caridade* não lhes dava coisa nenhuma.[7] A caridade, que aliás é tantas vezes mesquinha e insultante, é o domínio dos devotos, e os devotos ainda se opunham aos Calas.

Chegou o dia (9 de março de 1765), em que a inocência triunfou plenamente. Tendo o sr. de Baquencourt relatado todo

---

7 Voltaire se refere à caridade institucional, monopolizada pela Igreja. (N. T.)

o processo, e tendo investigado o caso até as menores circunstâncias, todos os juízes, com voz unânime, declararam a família inocente, torturada e julgada abusivamente pelo parlamento de Toulouse. Eles reabilitaram a memória do pai. Permitiram que a família apelasse a quem de direito para requerer aos juízes e obter as custas, danos e moras que os magistrados de Toulouse deveriam ter oferecido por conta própria.

Foi uma alegria universal em Paris: as pessoas agrupavam-se em praças públicas, nos passeios; acorriam para ver aquela família tão infeliz e tão bem justificada; aplaudiam ao ver os juízes passarem, e os cobriam de bênçãos. O que tornou este espetáculo ainda mais comovente foi que esse dia, 9 de março, era o mesmo dia em que Calas morreu pelo mais cruel suplício (três anos antes).

Os senhores mestres das petições fizeram justiça completa à família Calas e nisso apenas cumpriram o seu dever. Há outro dever, o da beneficência, mais raramente cumprido pelos tribunais, que parecem acreditar terem sido feitos apenas para julgarem. Os mestres das petições decidiram que escreveriam pessoalmente a Sua Majestade para implorar-lhe que reparasse a ruína da família com doações. A carta foi escrita. O rei respondeu mandando entregar trinta e seis mil libras à mãe e aos filhos; e dessas trinta e seis mil libras, havia três mil para aquela criada virtuosa que havia constantemente defendido a verdade ao defender seus patrões.

O rei, por esta generosidade, mereceu, como por tantas outras ações, o apelido[8] que o amor da nação lhe deu.[9] Que este

---

8 Luís, o Bem-Amado. (N. T.)
9 Ver o *Panegírico de Luís XV*. (N. T.)

exemplo sirva para inspirar a tolerância nos homens, sem a qual o fanatismo devastaria a terra, ou pelo menos a entristeceria sempre! Sabemos que se trata aqui de apenas uma família e que a fúria das seitas faz com que milhares de pessoas pereçam; mas hoje, quando uma sombra de paz permite que todas as sociedades cristãs descansem depois de séculos de carnificina, é neste tempo de tranquilidade que a desgraça dos Calas deve causar uma impressão ainda maior, quase como o trovão que cai na serenidade de um belo dia. Esses casos são raros, mas acontecem, e são o efeito daquela obscura superstição que leva as almas fracas a imputarem crimes a quem não pensa como elas.

FIM DO TRATADO SOBRE A TOLERÂNCIA.

SOBRE O LIVRO

Formato: 13,7 x 21 cm
Mancha: 23 x 44 paicas
Tipologia: Venetian 301 12,5/16
Papel: Off-white 80 g/m² (miolo)
Cartão Triplex 250 g/m² (capa)

1ª edição Editora Unesp: 2024

EQUIPE DE REALIZAÇÃO

Edição de texto
Thomaz Kawauche (Copidesque)
Jennifer Rangel de França (Revisão)

Capa
Vicente Pimenta

Editoração eletrônica
Eduardo Seiji Seki

Assistente de produção
Erick Abreu

Assistência editorial
Alberto Bononi
Gabriel Joppert

Camacorp Visão Gráfica Ltda

Rua Amorim, 122 - Vila Santa Catarina
CEP:04382-190 - São Paulo - SP
www.visaografica.com.br